Angelika Back
Lena Buchmann

ZUKUNFTS-
ZWERGE

**MIT KINDERN FORSCHEN,
EXPERIMENTIEREN, LERNEN**

Energie und Verkehr

COMPOST

Kaufmann

Inhaltsverzeichnis

Energie und Verkehr
KLEINE IDEEN MIT GROSSER WIRKUNG

Haare föhnen und warm duschen, beim Kochen und Backen helfen, im Auto oder mit dem ÖPNV zur Kita fahren, fernsehen: Energie ist für Ihre Kita-Kinder ganz selbstverständlich. Aber woher kommen denn diese geheimnisvollen Stoffe, die all das möglich machen? Und welche Rolle spielen sie für unsere Mobilität? In diesem Heft gehen Sie dem Phänomen „Energie" mit den Kindern auf die Spur: Mit spannenden Experimenten, Rallyes, Ausflügen und Selbstversuchen erkunden Sie, was Energie mit dem Verkehr auf unseren Straßen zu tun hat – und wie wir bei beidem einsparen könnten.

Ein Stromausfall kann ziemlich herausfordernd sein, teure Heizöl- und Heizgaspreise genauso. Energie bestimmt unser Leben. Denn ein Leben ganz ohne Energie in Form von Strom, ohne Auto oder ÖPNV, ohne Heizung und warmes Wasser können wir uns kaum vorstellen. Das Thema „Energie" ist weltweit, medial aufbereitet und viel diskutiert, in aller Munde. Weltweite Rohstoffknappheit, teurere Preise für Energie aller Art und veränderte und verschlechterte Lieferwege heizen die Diskussion weiter an. Wie lassen wir Kinder an diesem schwierigen, abstrakten und trotzdem so wichtigen Problem teilhaben? Und wie geben wir als Vorbild an Kinder weiter, was *BNE* (Bildung für nachhaltige Entwicklung) und Klimaziele empfehlen?

Wissen macht den Unterschied

Der erste Schritt, um das nötige Wissen zu erlangen, ist die Erkenntnis, wie Energie, Energieverbrauch und Klimawandel zusammenhängen. Kurz auf dem Punkt gebracht stellt sich das so dar: **Abgase** verschmutzen die Luft. Weil Abgase sich auch in der Erdatmosphäre anhäufen, kann Wärme nicht mehr so gut ins Weltall abgegeben werden, es entsteht ein **Treibhauseffekt**. Dieser Treibhauseffekt führt zu einem globalen, also weltweiten, **Klimawandel** mit häufigeren und heftigeren **Naturkatas-**

trophen, steigenden Temperaturen weltweit, zum Abschmelzen der Polkappen und damit verbunden zu sich verändernden Meeresströmen und Wetterphänomenen. Naturkatastrophen führen gerade in Entwicklungsländern außerdem zu vermehrter **Armut** und **Hungersnöten**.

Verbrauchen wir weniger Energie, vor allem aus fossilen Energieträgern, können wir den Klimawandel und seine Folgen vielleicht noch aufhalten oder wenigstens verlangsamen. Aber wie verstehen Kinder, was fossile Energien sind? Warum sind Abgase aus mit fossilen

Das kleine 1 x 1 der fossilen Energien

Neben den erneuerbaren Energien (Wind, Wasser, Sonne/Solarkraft) wird der Hauptteil unseres Energiebedarfs (noch) durch fossile Energien gedeckt: Fossile Rohstoffe sind dabei Erdöl, Erdgas und Kohle. Diese Rohstoffe sind vor vielen Millionen Jahren entstanden.

Erdöl wird in Raffinerien zu Diesel, Benzin, Kerosin (dieselähnlicher Kraftstoff für Flugzeuge) oder Heizöl umgewandelt und per Lkw transportiert oder in bestehende Versorgungsnetze eingespeist. Ölheizungen sowie Motoren von Fahr- und Flugzeugen mit Verbrennungsmotoren benötigen die aus Erdöl hergestellten flüssigen Brennstoffe. Dabei entstehen sehr schädliche Abgase wie Kohlendioxid (CO_2), Kohlenmonoxid, Stickoxide und Dieselrußpartikel/Feinstaub.

Erdgas kommt in meist unterirdischen Rohren aus anderen Ländern oder als Flüssiggas in großen Behältern zu uns und wird in die Versorgungsnetze geleitet. Mit Erdgas werden Heizungen in privaten Haushalten, aber auch große Industrieanlagen wie Hochöfen oder Eisenhütten betrieben. Bei der Verbrennung von Erdgas wird zwar weniger CO_2 frei, dafür aber Methan, das noch viel klimaschädlicher ist.

Kohle wird in unterirdischen Anlagen aus Flözen gewonnen und in Kohlekraftwerken verbrannt, um daraus Strom herzustellen. Der Strom wird dann in die Stromversorgungsnetze eingespeist. Kohlekraftwerke tragen wegen der hohen CO_2-Emissionen stark zur Umweltbelastung bei. Sie zählen zu den größten Verursachern von Umweltschäden in Deutschland.

Erneuerbare Energien

„Erneuerbar": Dieses Prädikat bekommen nur Energien aus Energiequellen, die unerschöpflich sind (also nie zu Ende gehen – oder zumindest nicht, solange wir denken können) und sich schnell erneuern. Erneuerbare Energien sind nachhaltiger, das heißt, sie sind weniger oder nicht klima- und umweltschädlich. Dazu zählen:

Wasserkraft & Meeresenergie: Früher liefen Mühlräder, die durch die Strömung eines Flusses angetrieben wurden. Heute ist es nicht viel anders, nur etwas technischer: Beispielsweise wird hier Strömungsenergie genutzt, um Turbinen anzutreiben, die Generatoren in Bewegung setzen und dadurch Strom erzeugen. Der Anteil an Wasserenergie ist derzeit noch relativ gering.

Sonnenenergie: In Solarkraftwerken wandeln Solarzellen Licht und Wärme aus Sonnenstrahlen in Strom um, der dann in die Stromnetze eingespeist wird. Auch Privathaushalte, Behörden oder Ihre Kita können mit Solarzellen auf dem Dach dazu beitragen oder ihren eigenen Strom erzeugen. Ein anderer Begriff dafür ist Photovoltaik.

Windenergie: Windräder erzeugen Strom, indem sie die Bewegungsenergie der Windradflügel, die sich im Wind bewegen, auf Turbinen und Generatoren umleiten, die den Strom erzeugen. Von dort wird er in die Stromnetze geleitet. Der Anteil an Strom aus Windenergie steigt, 2021 wurden immerhin schon mehr als 20 % des Stroms auf diese Weise erzeugt.

Geothermie: Sie heißt auch Erdwärme. Dabei werden Wärmeströme aus dem Erdinneren zur Erzeugung von Energie genutzt.

Bioenergie: Jede Form der Energie- oder Wärmegewinnung durch biologische Brennstoffe wie Biodiesel, Holz oder Holzpellets zum Heizen, Biogas usw.

Energien betriebenen Maschinen oder Fahrzeugen schädlich? Welche Abgase sind das genau? Wie entstehen sie? In diesem Heft nähern sich die Kinder diesen Informationen spielerisch. Als Hintergrundwissen für Sie fassen wir hier kurz das Wichtigste zum Thema „fossile Energien" zusammen:

Energie sparen — leicht gesagt!

Mit den Kindern können Sie in diesem Heft viele spannende (Selbst-)Versuche und Spiele ausprobieren, um Energie einzusparen. Oder um den eigenen Energieverbrauch einmal unter die Lupe zu nehmen. Aber nicht immer ist es möglich, komplett auf Energie aus der Steckdose oder auf Heizung und warmes Wasser zu verzichten. Probieren Sie doch einmal spielerisch aus, wie unsere Vorfahren früher gelebt, gekocht, gebadet, sich unterhalten oder Musik gehört haben – und was damals dazu nötig war. Ideen dazu finden Sie in diesem Heft.

Eine weitere Möglichkeit, klimafreundlicher zu wirtschaften, ist der zunehmende Verzicht auf Energie aus fossilen Rohstoffen und der Umstieg auf Energie aus erneuerbaren Quellen. Aber was ist denn das genau?

Ein Blick in die Zukunft

Mit neuen Technologien soll es gelingen, klimafreundlicher zu wirtschaften. Ein besonderer Fokus liegt dabei auf der sogenannten Wasserstofftechnologie. Auch wenn neue Technologien vielleicht vieles verbessern können, bleibt doch eine Notwendigkeit immer bestehen: Wir müssen wieder Respekt lernen – vor unseren Mit-Lebewesen und vor der Natur. Wir sollten uns nur als Teil eines großen Ganzen namens Natur betrachten anstatt als Herrschende darüber. Und genau dieses Wissen können Sie Ihren Kindern mitgeben.

Wasserstoff

Wasserstoff kommt in unserem Sonnensystem am häufigsten vor! Auch wir bestehen zum Teil aus diesem Stoff. Dieser seltsame Stoff mit dem Kürzel H für *Hydrogenium* kommt auch in unserem (Trink-)Wasser vor. Neu ist, dass er Autos fahren lassen kann. Früher füllten die Leute Ballons und Zeppeline mit Wasserstoff, denn Wasserstoff ist viel leichter als die Luft um uns herum. Allerdings kann sich Wasserstoff schnell entzünden und dann explodieren. Aus diesem Grund setzt man ihn als Raketentreibstoff ein. Und auch manche Autos fahren mit Wasserstoff, der in einem Wasserstoffverbrennungsmotor verbrannt wird. Häufiger ist heute aber die Brennstoffzellen-Technik. Dort entsteht keine Flamme, sondern die Energie des Wasserstoffs wird in der Brennstoffzelle direkt in elektrischen Strom umgewandelt, der dann den Elektromotor betreibt. Statt Abgasen stoßen so betriebene Fahrzeuge (von Autos über Busse, Fahrräder und Motorroller) nur Dampf aus.

Experimentier-Werkstatt

„Energie" – das ist ein ziemlich abstrakter Begriff. Mit den Versuchsreihen, Selbstversuchen und Experimenten aus diesem Kapitel hauchen Sie dem Fachwort Leben ein. Die Kinder können selbsttätig forschend verstehen, warum Energie so wichtig für uns ist und welche Formen es davon gibt.

Energie kennenlernen

EIN EXPERIMENT ZUR WINDENERGIE

ab **2** Jahren

Was bringt ein Auto zum Rollen, ein Schiff zum Schwimmen oder ein Fahrrad zum Fahren? Die geheimnisvolle Antwort ist: Energie. Aber was stellen sich die Kinder darunter vor? Mit einem kleinen Experiment finden Sie es mit den Kindern heraus.

Das brauchen Sie

- 2 oder 3 Spielzeugautos (eins davon aus Metall)
- Föhn
- Verlängerungskabel
- Ventilator
- starker Magnet

Der Versuch beginnt

Stellen Sie eines der Autos auf den Tisch. Fragen Sie die Kinder, wie man das Auto zum Fahren bringen kann. Klar, man kann die Hände benutzen, aber wie könnte das noch klappen? Lassen Sie die Kinder selbst nachdenken und ihre Vorschläge ausprobieren. Ihre Kinder sind bestimmt clever und haben sofort eine der folgenden Ideen:

- anpusten,
- anföhnen,
- einen Ventilator davorhalten,
- einen Luftballon aufpusten und die ausströmende Luft ans Auto halten,
- das Auto (wenn aus Metall) mit einem Magneten versuchsweise anziehen.

Das gibt's zu bestaunen

Mit genug Windkraft durch Pusten oder Anföhnen wird sich das Auto in Bewegung setzen. Der Magnet kann das Auto anziehen, wenn es aus einem Metall ist, das auf die Magnetkraft reagiert (Eisen, Stahl, Kupfer, Nickel).

Das ist die Erklärung

Alles, was das Auto zum Rollen/Fahren bringt, ist hier Energie. Unsere Hand, die das Auto anschiebt, ist Muskelenergie. Anpusten, Föhn und Ventilator bringen das Auto mit Luftdruck zum Fahren, sozusagen also mit Windenergie. Der Magnet hat eine besondere Form von Energie, die man Magnetkraft nennt. Für die „richtigen" Autos nutzt man eine Energieform, die man „Verbrennungsenergie" nennt. Dazu mehr auf den nächsten Seiten!

Aus was die Energie gemacht ist

Energie kann aus vielen Dingen entstehen: Luft und Wind können Windenergie erzeugen, Wasser kann Mühlräder antreiben, Feuer und Sonne geben Licht und Wärmeenergie ab. Weil diese Energien nicht erst erzeugt werden, nie ganz zu Ende gehen und natürlich vorkommen, heißen sie *erneuerbare Energien.*

Es gibt auch Energie, die wir Menschen uns künstlich herstellen. Dazu benutzen wir beispielsweise Erdöl und Erdgas. Solche Energien sind aber nicht unbegrenzt nutzbar, irgendwann sind sie einfach ausgeschöpft. Die daraus erzeugte Energie nennt man *fossile Energie.*

Energie kennenlernen 2
EIN EXPERIMENT ZUR WÄRMEENERGIE

Kennen Sie diese Weihnachtspyramiden: kleine Holzteller mit Mini-Weihnachtsbäumen, die sich plötzlich wie von Zauberhand drehen, wenn man die Kerzen daran anzündet? Alternativ können Sie auch mit einer Spirale aus Papier experimentieren – und mit den Kindern der Wärmeenergie auf die Spur kommen.

Das brauchen Sie

- 1 Weihnachtspyramide (oder: 1 Bogen Papier, Bleistift, Nadel, Faden, Schere)
- 1 Teelicht oder 1 kleine Kerze mit Glas
- Feuerzeug oder Streichhölzer
- Eimer mit Wasser (je nach Brandschutzregeln Ihrer Kita)

Der Versuch beginnt

Stellen Sie die Pyramide auf, zünden Sie die Kerzen an und warten Sie kurz ab. Alternativ oder zusätzlich schneiden Sie sich eine Spirale aus Papier: Einfach ein „Schneckenhaus" mit vielen Windungen auf einen Bogen Papier aufmalen und entlang der Linien ausschneiden. Ziehen Sie am inneren Ende der Spirale einen Faden mithilfe einer Nadel durch. Halten Sie die Spirale, die sich jetzt nach unten ausklappt, in einiger Entfernung über die brennende Kerze.

Das gibt's zu bestaunen

Die Pyramide wird sich zu drehen beginnen. Die Spirale dreht sich von außen nach innen. Wenn die Spirale nah an der Kerze ist, dreht sie sich schneller. Ist sie weiter weg, dreht sie sich langsamer. Achtung: Kommen Sie der Kerze nicht zu nah!

Das ist die Erklärung

Auch hier sorgt Luft (oder Wind) dafür, dass sich die Spirale/Pyramide bewegt. Die Kinder sind der Meinung, hier gibt es keinen Wind? Wind oder Luftstrom entsteht hier, weil warme Luft anders ist als kalte Luft. Warme Luft steigt nämlich auf, weil sie leichter als kalte Luft ist (weswegen kalte Luft herabfällt). Auf diese Weise entsteht ein Luftstrom – und der bringt die Spirale/Pyramide zum Drehen.

Wie stark die Luft sein kann

Heißluftballons nutzen diesen Unterschied zwischen warmer und kalter Luft, den man auch *Thermik* nennt. Hier wird unter dem Ballon Luft erhitzt, die ihn dann nach oben zieht.

Was heißt denn hier „Fossil"?

MITMACHGESCHICHTE ÜBER EINEN „ALTEN" ENERGIETRÄGER

Was in der echten Natur Millionen von Jahren lang dauert, machen die Kinder hier innerhalb eines Tages: In dieser Mitmachidee stellen sich die Kinder ein eigenes Fossil her – und erfahren dabei, was fossile Energien sind.

Das brauchen Sie

- ➧ selbsthärtende Knetmasse
- ➧ Schneckenhäuschen und Muschelschalen
- ➧ blaue Papierschnipsel
- ➧ schwarze Papierschnipsel
- ➧ kleine Zweigstückchen oder Bast
- ➧ grünes Papier
- ➧ 1 Einmachglas für jedes Kind

ab **4** Jahren

Ein Fossil gestalten

Jedes Kind nimmt sich ein etwa daumengroßes Stück der Knetmasse. Aus Ihrer Sammlung von Muscheln und Schneckenhäuschen sucht sich jedes Kind ein Stück aus und drückt es in die Knetmasse, sodass ein Abdruck von diesem entsteht. Nach Wunsch können die Kinder dazu ihre Knetmasse auch zuerst ausrollen oder in eine gewünschte Form bringen. Schön sieht es auch aus, wenn die Kinder ihre Muschel oder das Schneckenhaus auflegen, mit einem Messer oder Teigrad umfahren und dann die Form noch einmal eindrücken, sodass Riffelungen und Windungen zu erkennen sind. Alle so entstandenen „Fossilien" mindestens über Nacht an einem trockenen, warmen Ort trocknen und aushärten lassen. Danach können die Kinder ihr Fossil noch nach eigenen Ideen mit Wasserfarben anmalen.

Was sind denn Fossilien und fossile Energieträger?

Als Fossilien bezeichnet man meist Versteinerungen von Tieren oder Pflanzen, die vor Urzeiten auf der Erde gelebt haben. Zeigen Sie Ihren Kindern doch mal echte Fossilien, beispielsweise Abdrücke von sehr alten Tier- oder Pflanzenresten im Internet. Die Pflanzen und Tiere, die hier versteinert sind, gab es vor vielen, vielen Millionen von Jahren. Aber es gibt auch *lebende Fossilien:* Das sind Tiere und Pflanzen, die es in unveränderter Form seit der Steinzeit und noch länger auf der Erde gibt und die auch heute noch auf der Erde leben. Dazu gehören beispielsweise der Quastenflosser (ein Fisch), das Perlboot (ein Kopffüßer) oder als Pflanze: der Baumfarn.

Fossile Energieträger sind ebenfalls vor Urzeiten entstanden. Pflanzen- und Tierreste sind unter Ausschluss von Luft/Sauerstoff und unter hohem Druck und starker Hitze über Millionen von Jahren zu *Kohle, Torf, Erdgas* und *Erdöl* geworden. Kohle entstand dabei vor allem aus Pflanzen, Erdöl und Erdgas dagegen eher aus abgestorbenen Kleinstlebewesen wie Plankton.

Mitmachgeschichte: Ein Fossil entsteht

Vor langer, langer Zeit lebten kleine Lebewesen auf der Erde. Es waren Kopffüßer, Schnecken, die ersten Muscheln und Farne.
Die Kinder legen einige schwarze Papierschnipsel auf den Boden ihres Einmachglases, darauf kommt ihr „Fossil".

Mit der Zeit starben die kleinen Tierchen und Pflanzen und versanken in der Erde und im Schlamm. Es regnete, große Meere bildeten sich und wichen wieder zurück.
Blaue Papierschnipsel über die Fossilien streuen.

Wälder entstanden und starben ab.
Die Zweige über die Schnipsel streuen.

Schließlich wuchs neue Vegetation in vielen Schichten über die Tierchen.
Grünes Papier auflegen.

Weil es tief in der Erde so heiß ist, verwandelten sich die Tierchen ganz tief unten mit der Zeit und unter dem Gewicht der Erdmassen über ihnen in Erdöl, Erdgas und Kohle.
Den Deckel aufs Glas drehen.

Tipp

Vielleicht dürfen die Kinder ihre Fossilien mit nach Hause nehmen und den Familien zu Hause erklären, wie die Fossilien und wie Erdöl/Erdgas/Kohle entstanden sind?

Fossile Energie
ENERGIETRÄGER MIT GROSSEN NACHTEILEN

Aus fossilen Energieträgern gewinnen wir Kraftstoffe (Treibstoff). Darum waren und sind Kohle, Erdgas und Erdöl für uns bisher wichtig. Aber was genau macht man daraus und warum sind diese Energien problematisch? Hier erfahren Sie es!

So viel Kohle: Aus Kohle wird Strom

Abgestorbene Sumpfpflanzen wurden zunächst zu Torf und später unter großem Druck und starker Hitze zu Kohle. Kohle braucht man in der Industrie, beispielsweise zur Herstellung von Stahl. In Kohlekraftwerken macht man aus Kohle Strom. Dazu wird die Kohle verbrannt. Die so entstehende Wärmeenergie wandelt man dann mithilfe von Dampf in elektrische Energie um.

Die Kohle hat aber einen großen Nachteil: Bei ihrer Verbrennung, beispielsweise in großen Industrieöfen und in den Kraftwerken, entstehen giftige Gase, Abgase genannt – beispielsweise Kohlendioxid, Schwefeldioxid und andere Stickoxide. Diese Gase reichern sich in der Erdatmosphäre an, bis sie einen dichten Mantel bilden. Dieser Mantel bewirkt, dass es auf der Erde immer wärmer wird. Das nennt man *Treibhauseffekt*.

So viel Erdöl: 1001 Dinge aus Erdöl

Ohne Erdöl würde kaum ein Flugzeug fliegen und wenige Autos kommen bisher ohne Erdöl aus. Denn aus Erdöl macht man Benzin, Dieselkraftstoff, Heizöl und Kerosin. Dazu wird das Erdöl in großen Raffinerien zu verschiedenen Chemikalien verarbeitet. Mit Benzin fahren Autos. Manche Autos und Lkws fahren mit Diesel, Heizöl brauchen manche Häuser für die Heizung und Kerosin ist ein Erdölprodukt, mit dem Flugzeuge betankt werden, damit sie fliegen können. Aus Erdöl wird auch Plastik, also Kunststoff, hergestellt. Aber 90 % des Öls werden verbrannt.

Auch das Erdöl hat einen Nachteil: Bei der Verbrennung, beispielsweise in den Motoren der Autos, Lkws und Flugzeuge, werden wie bei der Kohle giftige Abgase frei, die ebenfalls zum Treibhauseffekt führen. Darum sind fossile Energien schlecht für die Umwelt und für unsere Gesundheit.

Was im Rauch steckt

EIN EXPERIMENT ZU FOSSILEN ENERGIETRÄGERN

Diesen Versuch sollten Sie wegen der Rauchentwicklung und gemäß Ihren Brandschutzvorschriften lieber im Freien durchführen. Die Kinder können dabei selbst miterleben, wie es ist, wenn Kohle brennt, und wie Rauch und Ruß entstehen.

Das brauchen Sie

- Streichhölzer oder Feuerzeug
- 1 Stückchen Räucher- oder Grillkohle
- feuerfeste Unterlage oder Backblech
- Sandkastensand
- Teelicht
- Unterteller
- Eimer mit Wasser (je nach Brandschutz-regeln Ihrer Kita)
- 1 Blatt weißes Malpapier

Der Versuch beginnt

Lassen Sie die Kinder die Kohle betrachten, befühlen und lassen Sie die Kinder auch daran riechen. Oft sind Kohlestückchen für Räucher-schalen oder zum Grillen behandelt, sodass sie schneller und besser abbrennen. Darum sollten die Kinder nicht zu lange daran schnup-pern. Lassen Sie die Kinder auch auf einem Blatt Malpapier ausprobieren, wie man mit Kohle malen kann.

Schütten Sie etwas Sandkastensand auf die Unterlage oder das Backblech und legen Sie die Kohle darauf. Zünden Sie die Kohle mit dem Streichholz an, bis sie aufglüht und zu rauchen beginnt. Fragen Sie die Kinder, was hier gera-de passiert: Die Kohle beginnt zu brennen. Da-bei wird Rauch frei. Neben der Kohle zünden Sie noch ein Teelicht an. Die Kinder halten nun (unter Aufsicht!) einen Unterteller über die Flamme des Teelichts. Sie können diese Aufga-be auch selbst übernehmen. Nach einiger Zeit nehmen Sie den Teller weg und betrachten ge-meinsam die Unterseite.

Das gibt's zu bestaunen

Die Unterseite des Tellers sollte sich deutlich geschwärzt haben. An den Fingern bleibt die schwarze Substanz sofort haften. Es ist Ruß. Er entsteht bei Verbrennungsprozessen. Er ist ähnlich wie die Kohle. Er besteht (fast gänz-lich) aus Kohlenstoff, dem Stoff, aus dem auch die Kohle besteht.

Das ist die Erklärung

Bei der Verbrennung von fossilen Energieträ-gern (vor allem von Diesel) entsteht neben den giftigen Abgasen auch ein fester Stoff: Ruß. Er ist Bestandteil des sogenannten *Feinstaubs*. Ruß ist gesundheitsschädlich. Er kann krebser-regende Substanzen enthalten. Er kann in die Lunge gelangen und dort gesundheitliche Be-schwerden auslösen.

Wir machen Strom
EIN „SPANNENDES" EXPERIMENT

ab **3** Jahren

Wir haben erfahren, dass wir aus fossilen Energien Strom gewinnen können. Aber was ist denn dieser Strom? Warum ist er so wichtig für uns? Und wie entsteht er? In diesem Experiment nähern wir uns der nächsten wichtige Energie: der Elektrizität.

Das brauchen Sie

- **Luftballon**
- **Lappen oder Pullover aus Wolle oder Woll-Kunstfaser-Gemisch**
- **Papierschnipsel**
- **1 Bernstein**

Der Versuch beginnt

Pusten Sie den Luftballon auf und verknoten Sie ihn. Reiben Sie den Luftballon an Ihrem Pullover oder an einem Stück Stoff aus Wolle oder Wolle-Kunstfaser-Gemisch.

Tipp

Reiben Sie immer in die gleiche Richtung! Nun halten Sie den Ballon an Ihre Haare. Möchten die Kinder das auch ausprobieren?

Das gibt's zu bestaunen

Huiii! Wenn die Kinder den Ballon an ihre Haare halten, werden die Haare wie durch Zauberhand vom Ballon angezogen. Und mehr noch: Wer richtig viel Elektrizität erzeugt hat, dem stehen sprichwörtlich die Haare zu Berge. Das kann ganz schön lustig aussehen.

Das ist die Erklärung

Was Sie und die Kinder hier erzeugt haben, ist Elektrizität. Elektrizität ist auch eine Form von Energie, genau wie Wärme oder Wind. Wie Sonne und Wind kommt auch die Elektrizität in der Natur vor. Bei einem Gewitter beispielsweise bildet sie sich in der Luft und entlädt sich in Form von Blitzen. Der Ballon in unserem Versuch hat sich durch die Reibung elektrisch aufgeladen. Wenn das passiert, beginnen elektrische Ladungen zu fließen oder zu strömen – und das nennt man dann auch Strom.

Weiterforschen

Fliegende Schnipsel: Reiben Sie den Ballon wieder ordentlich an einem geeigneten Pullover. Diesmal halten Sie ihn an auf dem Tisch verteilte Papierschnipsel. Aber bevor Sie das tun, lassen Sie die Kinder raten, was ihrer Meinung nach passieren wird. Der Ballon hat sich elektrisch aufgeladen, jetzt saugt er die Schnipsel förmlich an. Sie fliegen fast auf ihn zu und bleiben an ihm haften.

Zauberstein Bernstein: Statt mit einem Luftballon können Sie den Versuch auch mit einem Bernstein probieren. Dieser Stein hat ähnliche Eigenschaften und kann sich elektrisch aufladen, weswegen man ihn früher auch Elektron nannte.

Grüne Blitze machen: Wenn Sie ein richtig fieses Oberteil haben, einen Pulli aus Kunststofffasern oder auch eine Decke aus Acryl, dann können Sie durch Reiben ebenfalls eine Ladung aufbauen. Haben Sie die Möglichkeit, den Raum zu verdunkeln? Mit etwas Glück können die Kinder das Stoffstück knistern hören und sogar kleine grüne Blitze erkennen!

Strom und Elektrizität — eine kurze Geschichte

Schon in der Antike beobachteten und beschrieben Gelehrte das Phänomen der *Elektrizität.* Der Name kommt vom Bernstein, bei dem die damaligen Wissenschaftler zum ersten Mal die elektrische Ladung bemerkten und der auf Altgriechisch *Elektron* hieß. Und schon die alten Ägypter beobachteten, dass Fische wie der Zitterrochen oder Zitteraal Beutetiere töteten, indem sie ihnen elektrische Schocks versetzten. Ab dem 17./18. Jahrhundert beschäftigten sich die Wissenschaftler vermehrt mit elektrischen Ladungen und erfanden beispielsweise den ersten Blitzableiter (Benjamin Franklin) oder den *Faraday'schen* Käfig (Michael Faraday). Schließlich gelang es in der Wissenschaft der Elektrotechnik, elektrische Ladungen für Antriebe und zur Erzeugung von Strom zu nutzen. Heute stellen wir Strom in Kraftwerken her und verteilen ihn über Stromnetze flächendeckend (fast) auf der ganzen Welt.

Wie eine Kartoffel Strom macht

EIN EXPERIMENT ZUM STAUNEN

Strom kann man hören: Er knistert. Mit diesem einfachen Experiment können ihn die Kinder selbst produzieren und anhören.

ab **3** Jahren

Das brauchen Sie

- 1 große Kartoffel (roh, frisch)
- 1 Unterleg-/Beilagscheibe oder eine große Schraube aus Zink
- 1 Kupfermünze (z. B. 5-Cent-Münze)
- Kopfhörer mit Klinkenstecker, beispielsweise vom Handy (kein iOS-/Apple-Anschluss!)

Lassen Sie die Kinder die Kopfhörer aufsetzen oder in die Ohren stecken: Sie hören nichts, denn die Kopfhörer sind nicht an ein Gerät angeschlossen. Schneiden Sie nun eine Kartoffel mit dem Messer in zwei Hälften. Machen Sie einen kleinen Schlitz in die aufgeschnittene Seite der einen Kartoffelhälfte und stecken Sie hier die Cent-Münze ein, sodass sie noch etwas herausguckt. Die Schraube stecken Sie nah neben die Münze. Nun halten Sie das Ende des Kopfhörerkabels so, dass es mit dem runden Klinkenende aus Metall sowohl die Schraube als auch die Münze berührt. Wenn die Kinder den Kopfhörer aufziehen, können sie ein Knistern hören: Das ist der Strom!

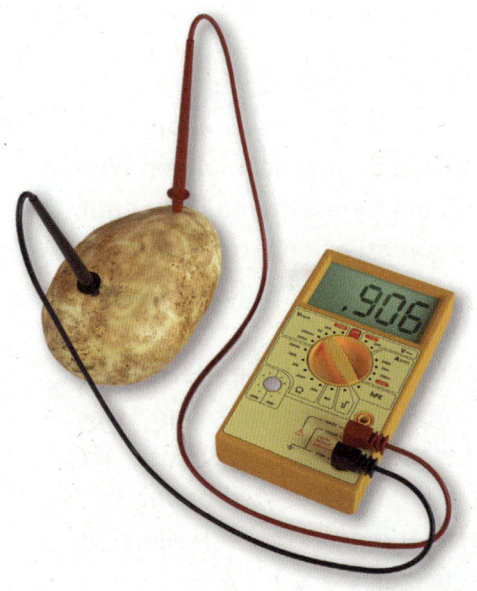

Warum der Strom aus der Steckdose kommt

Wir erzeugen Strom aus Solarenergie (Sonnenenergie, dazu ab Seite 24), aus Windenergie (ab Seite 33) oder in Kraftwerken aus Kohle oder Atomkraft. Strom aus Kohle zu erzeugen, belastet die Umwelt durch die frei werdenden Schadstoffe/Abgase beim Verbrennungsprozess. Von den Kraftwerken aus wird der Strom in Stromnetze gespeist. Durch Hochspannungsfreileitungen an Freileitungsmasten gelangt der Strom zu den Häusern. Im Haus wird der Strom durch Kabel geleitet, die unter den Wänden liegen. Wir sehen in der Regel nur die Steckdose, aus der der Strom austreten kann.

Strom ist gefährlich!
EIN SACHGESPRÄCH MIT RATERUNDE

Kennen die Kinder das? Bei Berührung, beispielsweise von einer Türklinke, bekommt man plötzlich einen kleineren Stromschlag. Im Volksmund heißt das: eine gewischt bekommen. Aber wie kommt es dazu? Und warum und wo muss man aufpassen, wenn es um Strom geht?

Dann sind Stromschläge häufiger

- bei sehr kalter Luft,
- bei trockener Luft (beispielsweise Heizungsluft im Winter),
- wenn wir Kleidung oder Schuhe aus synthetischen Fasern tragen.

Warum bekommen wir einen „Schlag"?

Das hängt mit sogenannten Ladungen zusammen. Wie in unserem Versuch weiter vorne laden wir uns auf, wenn wir beispielsweise mit Gummischuhen über Teppiche laufen oder einfach wenn die Luft sehr trocken ist. Elektrische Ladungen wollen aber gern in Bewegung sein und fließen. Berühren wir jemanden oder einen Gegenstand, entlädt sich die Ladung sprichwörtlich „blitzschnell", was wir als (kleinen) Stromschlag wahrnehmen. Bei trockener Luft passiert das schneller, denn dann können sich die Ladungen der Haut und der Luft nicht mehr so gut ausgleichen.

Gefährlicher Strom

Bestimmt haben Sie mit den Kindern auf Spaziergängen schon die Warnschilder für Hochspannung gesehen? In der Energietechnik stehen diese Schilder und der Begriff Hochspannung für Strom, der sehr stark und sehr gefährlich für Menschen ist. Er hat eine Spannung von mehr als 1.000 Volt. Mit Volt misst man, wie stark Strom ist, der eine elektrische Ladung transportiert. Kommt man mit einer solchen Stromquelle in Berührung, passiert das Gleiche wie im Versuch mit dem Ballon und den Papierschnipseln: Die elektrische Ladung versucht sich (diesmal auf uns) zu entladen. Das ist für Menschen lebensgefährlich. Aber auch der Strom, der aus einer ganz gewöhnlichen Steckdose kommt, kann lebensgefährlich (vor allem für Kinder) sein, beispielsweise wenn die Kinder Gegenstände, etwa aus Metall, in die Öffnungen der Steckdose stecken.

Aufpass-Spiel: Alle Töpfe haben Strom

Im Sitzkreis können Sie das Spiel „Alle Vögel fliegen hoch" umgemünzt auf Strom spielen: Rufen Sie beispielsweise: „Alle Rührgeräte haben Strom!" Ist das richtig? Dann halten alle Kinder die Arme in die Höhe. Genauso ist es bei „Alle Lichtschalter haben Strom!" oder bei „Alle Computer haben Strom!". Aber wie ist es bei „Alle Steine haben Strom!" (nur Magnete, siehe Seite 36) oder bei „Alle Heizungen!"?

Welche Stromarten gibt es?

EINE KLEINE ÜBERSICHT

Beziehen Sie schon Ökostrom oder sind Sie aus Gewohnheit noch bei Ihrem alten Stromanbieter? Eine nachhaltige Lebensweise beinhaltet auch die Auseinandersetzung mit unserer Energieversorgung. Hier wird zwischen erneuerbaren (umweltfreundlichen) und nicht erneuerbaren (umweltschädlichen) Energien unterschieden. Machen Sie sich am besten selbst ein Bild von den Vor- und Nachteilen der vielfältigen Stromgewinnung.

Umweltfreundliche Energiequellen

1. Sonnenenergie (Solarenergie)

Die Sonne ist der größte Wärmespender. Sie schenkt uns tausendfach mehr Energie, als alle Menschen auf der Erde für ihren Stromverbrauch benötigen. Um ihre Energie zu speichern und in Strom umzuwandeln, werden Sonnenkollektoren aufgestellt oder Photovoltaikanlagen an Dächern angebracht. Solarenergie ist unbegrenzt verfügbar, ihre Herstellung ist ungefährlich und verursacht keine Abfälle. Moderne Solarmodule funktionieren selbst bei bewölktem Himmel.

2. Windkraft

Bestimmt haben die Kinder schon einmal die riesigen Windräder in der Landschaft gesehen, mit denen Windkraft erzeugt wird. Informationen über Funktion, Vor- und Nachteile von Windkraft finden Sie auf Seite 33.

3. Wasserkraft (Hydroenergie)

Energie aus Wasser wird ähnlich gewonnen wie Windenergie, nur ist es hier die Kraft des Wassers, welche Turbinen (statt Windräder) bewegt. In einem Kraftwerk wird Wasser aus einem Fluss durch eine Mauer gestaut und bei Bedarf durch eine Schleuse herausgelassen. Es fließt durch sich drehende Turbinen und erzeugt so Strom. Diese Art der Energiegewinnung ist schon sehr alt. Früher lief das Wasser jedoch direkt aus dem Fluss über ein hölzernes Wasserrad (auch *Mühlrad* genannt). An Meeresküsten mit Ebbe und Flut wird auch die Wellenbewegung der Gezeiten zur Stromerzeugung genutzt. Wenn der Mensch das natürliche Ökosystem berücksichtigt, d. h. keine großen Stauseen dafür anlegt, ist Wasserkraft eine umweltfreundliche Art der Stromgewinnung.

Solar Wind Wasser Erdwärme

Bio Atomkraft Gas Kohle

4. Erdwärme (Geothermie)

Tief in der Erde ist es sehr warm. Diese Tatsache wird genutzt, um Wasser erst hinein- und dann wieder herauszupumpen. Das Wasser hat sich dadurch erwärmt, wird zu Dampf, der wiederum eine Turbine zum Drehen bringt. Diese Art der Stromerzeugung kennen wir nun schon von Wind- und Wasserkraft. Auch Geothermie ist nachhaltig und produziert keine Abfälle.

Umweltschädliche Energiequellen

1. Fossile Brennstoffe

Hierbei handelt es sich um organische Stoffe aus der Erde (*fossilis* = „ausgegraben") wie Braunkohle, Erdgas und -öl, die der Mensch aus dem Boden holt. Durch den Abbau der Braunkohle werden Lebensräume von Tieren und Pflanzen zerstört und das Grundwasser mit Schadstoffen belastet. Die Förderung von Erdöl aus dem Meeresboden verschmutzt die Gewässer und ist eine Gefahr für Mensch und Tier. Um Erdgas zu gewinnen, wird die Erde mithilfe von u. a. giftigen Chemikalien aufgebrochen, was man auch *Fracking* nennt. Bei der Stromzeugung all dieser noch häufig genutzten Brennstoffe entsteht das umweltschädliche Treibhausgas Kohlendioxid, welches auf lange Sicht auch zu Klimaveränderungen führt.

2. Atomkraft

Durch die Spaltung kleinster Uran-Teilchen wird neben der Energie für die Stromgewinnung auch hochtoxisches Plutonium freigesetzt. Diese radioaktiven Stoffe verbleiben viele Jahrtausende in unserer Umwelt und sind lebensgefährlich bis tödlich für Menschen und Tiere.

Grenzfall Bioenergie

Als klimaneutrale Alternative zu Erdgas wird **Bioenergie** aus organischen Abfällen gewonnen. Dazu zählen außer Pflanzenstoffen auch Ausscheidungen von Tieren. Im Prinzip funktioniert das wie ein Lagerfeuer, in dem Holz verbrannt wird: Die Wärme erzeugt Energie. Im Rahmen der Abfallverwertung kann Stromerzeugung mit Biomasse sinnvoll sein. Werden dafür aber extra Felder mit Mais angebaut, für die auch noch Wälder abgeholzt werden, oder gelangen im Rahmen der Massentierhaltung Methan und Ammoniak in die Luft, dann ist die Erzeugung von Bioenergie eine erhebliche Belastung für die Umwelt.

Ein Tag ohne Strom

IDEEN FÜR EIN EINFACHES EXPERIMENT

ab **3** Jahren

Es gibt in unserem Alltag viele Gegenstände, die mit Strom funktionieren und unser Leben erleichtern und bereichern. Wir nutzen diese Dinge in unserer modernen Welt so selbstverständlich, dass wir uns fast schon hilflos fühlen, wenn der Strom einmal ausfällt. Es ist heute kaum vorstellbar, dass Strom erst seit Mitte des 19. Jahrhunderts verfügbar ist! Die Kinder erleben in diesem Experiment, wie ein Leben ohne Strom aussehen könnte.

Bereiten Sie das Experiment vor, indem Sie an diesem Tag, noch bevor die Kinder ankommen, die Sicherungen ausschalten und alternative Gegenstände zu den Stromgeräten besorgen, falls nicht schon vorhanden. Fragen Sie gegebenenfalls auch bei den Eltern der Kinder nach, ob etwas ausgeliehen werden kann. Nachfolgend ein paar Beispiele mit Strom und ihre „handbetriebenen" Alternativen:

- Lampe + Glühbirne → Taschenlampe, Kerzen + Streichhölzer/Feuerzeug
- Heizung → warme Bekleidung + viel Bewegung
- Staubsauger → Besen
- Spülmaschine → Spülbecken + Schwamm
- Handmixer → Schneebesen
- Herd → Rohkost/Salat/belegte Brote
- CD-Spieler → Musikinstrumente
- Computer → Bücher, Papier + Stifte
- TV-Gerät/DVD-Player → Theater spielen

Um es noch spannender zu machen, erzählen Sie den Kindern vorher nichts von dem geplanten Experiment. An der Kita-Tür hängt dann beispielsweise ein Zettel mit der Aufschrift

„Die Klingel funktioniert nicht, bitte anklopfen", in den Räumen ist es dunkel oder es stehen überall (an gesicherten Orten) Kerzen.

Wenn die Gruppe vollzählig ist, können sich die Kinder erst einmal überlegen, warum Klingel und Lampen nicht funktionieren. Ein Stromausfall ist naheliegend und wird sicher angesprochen. Welches Kind hat damit schon Erfahrungen gesammelt? Vielleicht wurde die Stromrechnung nicht bezahlt? Das könnte auch ein Einwand sein. Manche Kinder wissen vielleicht noch nicht, dass Strom Geld kostet.

Dieses Thema könnten Sie aufgreifen, um mit den Mädchen und Jungen über einen sparsameren Stromverbrauch zu diskutieren. Aber vielleicht ist auch nur die Sicherung herausgesprungen? Wo befindet sich der Sicherungskasten und warum können Sicherungen umschalten oder herausspringen? Doch eventuell ist es ernster. – Welcher Handwerker könnte dann helfen?

Aber zuvor können die Kinder erst einmal schauen, welche Dinge man noch benutzen kann und welche nicht. Auf diese Weise finden sie ganz alleine heraus, was mit Strom funktioniert. Anschließend überlegen sich die Kinder, was man jetzt beispielsweise noch essen könnte, wenn der Herd nicht funktioniert, welche Alternativen es für den CD-Spieler gibt, wie sie sich ohne Heizung warmhalten können usw. Kinder sind fantasievoll und erfinderisch – bestimmt entwickeln sie viele lösungsorientierte Ideen!

Abschließend kann eine Fragerunde stattfinden: Wie habt ihr den Tag ohne Strom empfunden? Was hat euch gefehlt, was nicht? Wer kann sich vorstellen, eine längere Zeit ohne Strom zu leben, z. B. auf einer Berghütte?

Tipp

Der Tag ohne Strom kann sich auch auf das Zuhause der Kinder ausdehnen, wenn sich die Eltern bereiterklären, mitzumachen. Das ist bestimmt auch eine interessante Erfahrung für die Erwachsenen und regt zum Nachdenken an. Am nächsten Tag tauschen sich die Kinder über ihre Erlebnisse aus.

Tipp

Möchten Sie das Experiment zu einer Zeit durchführen, in der noch geheizt werden muss, bitten Sie die Eltern, den Kindern noch zusätzliche warme Bekleidung mitzugeben.

Unser Solarofen

WAS MAN MIT SOLARKRAFT SO ALLES MACHEN KANN

In diesem Selbstmach-Versuch können die Kinder die Kraft der Sonne angucken und sogar schmecken.

ab **3** Jahren

Das brauchen Sie

➡ **1 flacher Karton (Pizzaschachtel, Schuhkarton mit Aufklappdeckel)**
➡ **1 bis 2 Bogen schwarzer Tonkarton**
➡ **Klebstoff**
➡ **Frischhaltefolie**
➡ **Alufolie**
➡ **1 Stück Schokolade**
➡ **1 Stückchen Käse**
➡ **1 dünne Scheibe Apfel oder Birne**
➡ **1 Scheibe Brot, in Stückchen geschnitten**

Der Versuch beginnt

Kleiden Sie die Innenseite des Deckels mit Alufolie aus bzw. bekleben Sie den Deckel von innen mit der Alufolie (im Handel bekommen Sie auch nachhaltige Alufolie!). Den Boden der Schachtel belegen oder bekleben Sie mit dem schwarzen Tonkarton. Darüber legen die Kinder Frischhaltefolie. Auf die Folie kommen nun mit etwas Abstand zueinander die Schokolade, der Käse und das Obststückchen. Nun stellen die Kinder den Solarofen an einen sonnigen Ort mit starker Sonneneinstrahlung (im Winter beispielsweise auf eine Fensterbank innen, im Sommer draußen direkt in die Sonne). Der Deckel sollte nach oben und nur ganz leicht nach unten geneigt stehen, sodass die Sonne von der Alu-Oberfläche reflektiert wird und gebündelt auf die Lebensmittel fällt. Warten Sie ein bisschen ab!

Das gibt's zu bestaunen

Nach und nach lösen sich Schokolade und Käse auf. Die Schokolade kann bei starker Sonne schnell ganz flüssig werden. Was passiert wohl mit dem Apfel? Lassen Sie die Kinder vorab raten und schätzen. Die Schokolade oder den Käse können die Kinder nach Appetit und Wunsch mit dem Brot auftunken und verspeisen. Wie schmeckt der Apfel? Achtung, die Oberflächen und Lebensmittel können richtig heiß werden!

Das ist die Erklärung

Die Sonnenstrahlen fallen auf die Alufolie, wo sie nach unten auf die Lebensmittel reflektiert werden. Dort unten wird es jetzt besonders heiß – auch weil der Boden schwarz ist und Schwarz (wie auch dunkle Farben) Sonne und Wärme anzieht – ähnlich wie Metall im letzten Versuch. Darum „garen" die Lebensmittel im Solarofen sehr schnell. In der Hitze verändern sie ihre Eigenschaften.

Woraus besteht die Sonne?

Die Sonne ist im Gegensatz zu unserer Erde kein Planet, sondern ein Stern. Wie die meisten anderen Sterne besteht sie hauptsächlich aus Wasserstoff und Helium. Helium kennen die Kinder vielleicht aus den Luftballons und Folien-Tieren, die man damit füllen kann. Weil Helium so leicht ist, steigen die Ballons in der Luft auf.

Tipp

Sie können den Effekt noch steigern, wenn sie eine durchsichtige Kunststoffschüssel über die Lebensmittel stülpen. So kann die Hitze nicht entweichen.

Wie funktionieren Solarzellen?

Eine Solarzelle funktioniert so ähnlich: Sie kann aus dem eintreffenden Sonnenlicht Strom erzeugen. Die Sonnenstrahlen treffen auf ein Metallgitter ganz außen an der Solarzelle. Metall kann, wie wir gesehen haben, Sonne und auch Strom gut leiten. Die Energie wird nun vom Metall an der Oberseite (es ist der Minuspol) an die Unterseite der Zelle (den Pluspol) geleitet. Die kleinen Teilchen, die in der Zelle sind, die Elektronen, geraten nämlich durch die Sonneneinstrahlung in Bewegung und können elektrische Ladung transportieren. Dazu fließen sie durch einen sogenannten Halbleiter zwischen Oberseite (Minuspol) und Unterseite (Pluspol) der Zelle – und aus dieser Spannung oder Ladung gewinnen wir Solarstrom.

Die Kraft der Sonne sichtbar machen

EIN VERSUCH MIT SONNENENERGIE

Eine besondere Form der Energie ist die Sonnenenergie: Ohne Sonne geht nichts! Wir würden erfrieren, Pflanzen könnten ohne Sonnenlicht nicht wachsen und nur wenige Tiere halten es ganz ohne Sonnenlicht aus. In diesem Versuch machen Sie die Sonnenkraft fühlbar.

ab 3 Jahren

Das brauchen Sie

- 1 Klapptisch
- 2 Teelöffel
- 2 Kieselsteine
- 2 Gläser, mit Wasser gefüllt
- 2 Korken
- 2 Bausteine
- weiteres Material nach Ideen der Kinder

Der Versuch beginnt

Stellen Sie den Tisch im Freien auf. Optimal wäre ein Tag mit ungehinderter Sonneneinstrahlung. Legen Sie immer eines der beiden Materialien auf dem Tisch in der Sonne aus. Die anderen Materialien legen Sie drinnen ohne Sonneneinstrahlung aus. Nach einigen Stunden können die Kinder alle Materialien vergleichen: Was ist in der Sonne warm geworden, was sogar heiß? Was ist kühl geblieben?

Das gibt's zu bestaunen

Materialien aus Metall werden in der Sonne richtig heiß. Achtung, wenn Sie an einem heißen Sommertag experimentieren, besteht sogar Verbrennungsgefahr! Materialien aus Papier und Pappe bleiben kühl, der Stein wird „etwas warm", das Wasser im Glas heizt sich je nach Außentemperatur ebenfalls auf. Die Bausteine erwärmen sich kaum (Plastik/Kunststoff oder Holz).

Das ist die Erklärung

Die Sonne hat so viel Kraft, dass sie Dinge richtig aufheizen kann. Die Sonne hat also eine Hitzeenergie. Manche Materialien nehmen schnell Wärme an und geben sie auch schnell wieder ab, man nennt sie deshalb Wärmeleiter und benutzt sie u. a. bei der Übertragung von Wärme und Strom. Andere Materialien nehmen keine Sonnenwärme an oder sie nehmen sie nur sehr langsam auf – und speichern sie dafür länger. Solche Materialien nutzt man auch zur Wärmeisolierung, etwa beim Hausbau.

Sonnenenergie „in echt"

Weil die Sonnenenergie uns eigentlich jeden Tag zur Verfügung steht und sich nicht abnutzt, ist sie eine *erneuerbare Energie*. Heute nutzen wir diese Energie mit *Solarzellen:* Das sind Bauteile, die die Energie der Sonne in Strom umwandeln können. Vielleicht haben die Kinder auch schon Solarpaneele auf Hausdächern gesehen? Zeigen Sie den Kindern einen mit Licht betriebenen Taschenrechner oder Holzspielzeug, das mit Solarzellen betrieben fahren oder fliegen kann.

Mit oder ohne Strom?

EIN DIY-MEMORY-SPIEL

ab **4** Jahren

Memory-Spiele (auch unter den Namen „Merkfix" oder „Pairs" bekannt) sind nach wie vor beliebt und schulen auf spielerische Weise das Gedächtnis der Kinder. Die Idee hinter der folgenden Variante ist, dass die Kinder Dinge suchen müssen, die beide den gleichen Zweck erfüllen: Ein Gegenstand funktioniert jedoch mit und der andere ohne Strom.

Das brauchen Sie

- **stabiler Tonkarton**
- **Bleistift**
- **Lineal**
- **Scheren**
- **Bilder aus alten Büchern, Zeitschriften, Prospekten oder dem Internet**
- **evtl. Drucker**

Schneiden Sie aus dem Tonkarton 10, 12, 14, 16 oder 18 gleich große Kärtchen aus und suchen Sie mit den Kindern nach entsprechenden Bildpaaren. Nachfolgend sind einige Beispiele genannt:

- Handmixer/-rührgerät + Schneebesen
- (Lampe mit) Glühbirne + Kerze
- CD-Spieler + Musikinstrument/e
- Staubsauger + Besen
- Wäschetrockner + Wäscheleine
- Spülmaschine + Spülbecken
- Herd mit Topf + Rohkostplatte/Salat/ belegtes Brot
- Waschmaschine + Waschschüssel
- Haartrockner/Föhn + Luft
- Heizdecke + Wärmflasche oder warme Decke

Drucken und/oder schneiden Sie diese gemeinsam aus. Die Kinder kleben die Bilder anschließend auf die Kärtchen.

1. Spielvariante

Alle Kärtchen werden mit der Abbildung nach oben durcheinandergemischt. Die Aufgabe der Kinder ist es nun, die gegensätzlichen Bildpaare zu suchen und nebeneinander zu legen.

2. Spielvariante

Die zweite Version ist schon etwas schwieriger. Nach den bekannten Memory-Regeln werden jetzt alle Kärtchen mit den Motiven nach unten auf den Tisch gelegt. Reihum decken die Kinder jeweils zwei Kärtchen auf. Ist das richtige Bildpaar gefunden, dürfen sie es behalten. Wer zum Schluss die meisten Pärchen hat, gewinnt.

Kraft aus Lebensmitteln

AUCH UNSER KÖRPER FUNKTIONIERT MIT ENERGIE

Nicht nur technische Geräte, sondern auch Lebewesen benötigen Energie, um zu funktionieren. Wir nehmen sie in Form von Nahrung auf, damit der Körper uns am Leben erhält. Die wichtigsten energieliefernden Nährstoffe sind Kohlenhydrate, Fette und Proteine. In diesem Experiment testen die Kinder einige Variationen des Energieträgers Kohlenhydrate.

ab **5** Jahren

Das brauchen Sie

➡ gekochte Kartoffeln
➡ verschiedene Früchte, z. B. Äpfel, Bananen, Beeren, Melonen, Weintrauben
➡ Vollkorn- und Weißbrot (oder Brötchen)
➡ weißer Zucker

Richten Sie die Lebensmittel einzeln auf Tellern an. Die Kinder essen nun nacheinander – mit genug zeitlichem Abstand dazwischen – eines der Lebensmittel. Wie lange macht z.B. die Kartoffel satt? Wie lange hält ein Apfel an? Bei welchem Produkt fühlen sich die Kinder energiegeladen? Notieren Sie alles und sprechen Sie anschließend mit den Kindern über ihre Erfahrungen.

Gute und schlechte Energiequellen

Kohlenhydrate

☺ Monosaccharide (Fructose, Glucose) in Früchten, Gemüse sind essenzielle Energieträger und Bausteine für unsere Zellen

☺ Polysaccharide (Stärke, Pektin, Zellulose) in Kartoffeln, Wurzelgemüse, Früchten, Samen, Getreide sind wichtig für Darm und Verdauung

☹ Disaccharide (Saccharose, Maltose) in Süßungsmitteln, Süßigkeiten sind nicht essenziell (nicht notwendig für unseren Körper) und verantwortlich für vielerlei Krankheiten

Spielen, erfinden & selbst machen

Mit Energie darf man nicht spielen? Hier schon! In diesem Kapitel machen die Kinder ganz hautnah Erfahrungen mit Windenergie, Magnetkraft und Wärme. So vertiefen sie ihr Verständnis davon und unterscheiden zwischen klimaschädlichen und klimaneutralen Energien.

Bist du klimafreundlich unterwegs?

VERSCHIEDENE FORTBEWEGUNGSMITTEL KENNENLERNEN

Die Kinder kennen bestimmt schon einige Fortbewegungsmittel. Viele davon wie Bus oder Auto sind aus unserem Alltag nicht mehr wegzudenken. Dieser Beitrag ist als Anregung gedacht, den Kindern das Thema „Verkehr" näherzubringen.

Welche Fortbewegungsmittel gibt es?

In einer Fragerunde können die Kinder von ihren Erfahrungen mit Fahrzeugen erzählen: Welche kennen sie? Welche nutzen sie (gemeinsam mit den Eltern)? Welche mögen sie und welche nicht? Warum mögen sie diese bzw. warum nicht?

ab **4** Jahren

Wozu sind welche Fahrzeuge sinnvoll?

Menschen haben im Laufe der Zeit viele Fortbewegungsmittel für unterschiedliche Verwendungszwecke erfunden und weiterentwickelt: Mit einem Lkw können große Gütermengen von A nach B transportiert werden, ein Zug befördert viele Menschen gleichzeitig, ein Flugzeug bringt Passagiere oder Produkte schneller als andere Fahrzeuge in weit entfernte Länder … Besprechen Sie mit den Kindern die Vor- und Nachteile der verschiedenen Verkehrsmittel und eventuelle Alternativen.

Welche sind gut und welche schlecht für die Umwelt?

Klimafreundlich
Zu Fuß · Rollschuhe · Dreirad · Skateboard · (E-) Roller · Laufrad · Fahrrad · E-Bike · Pedelec · U-Bahn · Fernbus · Zug · Kutsche · Pferd
Klimaschädlich
Auto · Motorrad · Stadtbus · Lkw · Schiff · Flugzeug
Je nach Alter können auch die Umweltbelastungen der Verkehrsmittel mit den Kindern erörtert werden.

Unterschiedliche Verkehrsmittel kennenlernen

Gestalten Sie Thementage, während denen die Kinder verschiedene Fahrzeuge ausprobieren können, die sie eventuell noch nicht kennen. Machen Sie beispielsweise gemeinsam eine Zugfahrt zu einem schönen Ausflugsort, besuchen Sie einen Fahrradparcours etc.

Gut oder schlecht für die Umwelt?

EIN SORTIERPOSTER MIT VERSCHIEDENEN FAHRZEUGEN GESTALTEN

Nachdem die Kinder jetzt einige der wichtigsten Fortbewegungsmittel kennengelernt haben, können sie in diesem kleinen Kreativprojekt ihr Wissen anwenden. Auf einem großen Plakat werden Fahrrad, Bus, Auto und Co. aus dem vorangegangenen Infotext anschaulich präsentiert.

Das brauchen Sie

- Malpapierrolle, DIN-A1/A2-Tonkarton (oder mehrere DIN-A3/A4-Blätter aneinanderkleben)
- grüne und rote Filzstifte, Wachsmalkreiden oder Wasserfarben und Pinsel
- Werbeprospekte, alte Bücher/Zeitschriften, Ausdrucke aus dem Internet
- Scheren
- Bastelkleber

Tipp

Als Alternative zu der oben beschriebenen Version können die Kinder zunächst alle Fortbewegungsmittel durcheinander aufs Plakat kleben und anschließend die klimafreundlichen mit grünem Stift umkreisen und die umweltschädlichen mit einem roten.

Breiten Sie das Plakat bzw. die Malpapierrolle auf dem Arbeitstisch aus oder kleben Sie mehrere Blätter aneinander. Legen Sie das benötigte Material bereit und kopieren Sie eventuell weitere Fortbewegungsmittel aus dem Internet. Die Kinder malen nun ein grünes und ein rotes Feld aufs Papier. Der grüne Abschnitt ist für die umweltfreundlichen Fortbewegungsmittel vorgesehen, der rote für die klimaschädlichen Fahrzeuge. Anschließend schneiden die Kinder die verschiedenen Objekte aus den vorhandenen Medien aus und ordnen diese in die entsprechenden Felder ein. Wenn sie richtig liegen, können die Bilder aufgeklebt werden.

Wer ist da unterwegs?

EIN MUSIKSTOPP-SPIEL ZUM VERKEHR

Wie im echten Straßenverkehr laufen, rasen, schlendern … die Kinder hier durcheinander. Bis die Musik stoppt! Wer kann jetzt ganz schnell seinen Verkehrspartner finden?

ab **3** Jahren

Das brauchen Sie

➡ **Bildkärtchen in der Anzahl der Kinder von Fahr- und Flugzeugen und Fußgängern, z. B. Rennauto, Fahrrad, Lkw, Tretroller, Fußgänger, Bus, Straßenbahn, Flugzeug, Hubschrauber, Fessel- oder Heißluftballon – immer zwei gleiche Kärtchen**

➡ **CD-Spieler mit Lieblingsmusik der Kinder**

Jedes Kind zieht blind ein Kärtchen und behält es bei sich. Stellen Sie die Musik an. Zur Musik dürfen die Kinder nach Lust und Laune schlendern, „fliegen", laufen, rennen, mit Fahrzeuggeräuschen flitzen. Stoppt die Musik, müssen sich die Paare zusammenfinden, also die beiden Kinder, die das gleiche Motiv gezogen haben. Im Anschluss kann jedes Paar abschätzen, ob seine Art der Fortbewegung gut oder schlecht fürs Klima ist. Sie können nach einigen Runden dieses Spiels auch ein Kommando rufen, beispielsweise: „Alle klimafreundlichen Verkehrsteilnehmer treffen sich bei mir!" oder „Alles, was mit Benzin fährt oder fliegt, trifft sich bei mir!". Das ist schon kniffliger: Wissen die Kinder, wie klimafreundlich oder schädlich „ihr" Flug- oder Fahrzeug ist?

Energie durch Windkraft

EINE KLIMASCHONENDE MÖGLICHKEIT, STROM ZU ERZEUGEN

Energieerzeugung durch Windkraft ist schon jahrtausendealt. Ein bekanntes Beispiel dafür sind die Windmühlen, mit denen die Müller in vergangenen Zeiten ihr Getreide zu Mehl gemahlen haben. Menschen haben schon früh entdeckt, dass Wind eine Kraft entwickelt, die man sich zunutze machen kann. Die Kinder erfahren hier, wie genau das funktioniert, aber auch, welche Vor- und Nachteile Windkraft hat.

Wie funktioniert Windkraft?

Der Wind dreht die Flügel, die sich oben an einer Windkraftanlage befinden. Diese rotierende Drehbewegung (daher werden die Flügel auch Rotoren genannt) wird dann von einem Generator, der sich im Inneren der Anlage befindet, in Strom umgewandelt. Das funktioniert ähnlich wie bei einem Dynamo am Fahrrad. Je stärker der Wind weht, desto mehr Strom wird erzeugt. Diese Windgeneratoren stehen daher hauptsächlich dort, wo es von Natur aus viel Wind gibt, wie z. B. in der Nähe von Gewässern oder Gebirgen.

Vorteile von Windenergie

– Wind verbraucht sich nicht und weht auch in Zukunft → Dadurch nennt man diese Art der Stromerzeugung auch *erneuerbare Energie*.
– Bei der Energieumwandlung entstehen weder Abgase noch Abfälle, welche Luft, Wasser und Erde verschmutzen.
– Ein Windrad erzeugt 20 Jahre lang Energie und versorgt ca. 4.000 Menschen mit Strom.

Nachteile von Windenergie

– Wenn kein Wind weht, wird auch keine Energie umgewandelt und kein Strom erzeugt.
– Windkraftanlagen sind bis zu 200 m hoch (das entspricht ca. 50 Stockwerken) und sehen in der Landschaft nicht schön aus.
– Das Rotieren der Flügel ist laut und stört Menschen und Tiere.
– Vögel und Fledermäuse fliegen immer wieder mal gegen die Rotoren und verletzen sich dadurch lebensgefährlich. → Auf diese Weise sterben jährlich etwa 1.000 Tiere (daher ist der Bau von neuen Windrädern auf den Routen der Zugvögel künftig verboten).

Mein buntes Windrad

EIN KINDERSPIELZEUG MIT TRADITION

An diesem faszinierenden Klassiker haben sich schon unsere Ur-großeltern erfreut. Es braucht nur einen Windhauch oder ein mehr oder weniger kräftiges Anpusten und die rotierenden Segmente aus Papier setzen sich in Bewegung. Wenn das Windrad draußen in die Erde gesteckt oder am Fensterbrett befestigt wird, können die Kinder feststellen, wie stark der Wind weht und aus welcher Richtung er kommt.

ab **4** Jahren

Das brauchen Sie

- **Pappe (für die Vorlage)**
- **buntes, stabiles Papier oder dünner Karton**
- **Stöcke (vom Waldboden aufgesammelt)**
- **Reißzwecken**
- **Bastelkleber**
- **Schere**

Stellen Sie eine oder mehrere Vorlagen für die Windräder her. Einfache Anleitungen finden Sie dazu im Internet. Die Kinder legen die Vorlage auf ein Stück buntes Papier ihrer Wahl und schneiden das Viereck aus und entlang der vorgeschnittenen Linien ein. Anschließend werden die vier Spitzen in der Mitte des Quadrates mit dem Kleber befestigt. Das nun fertige Windrad muss zum Schluss nur noch mit einer Reißzwecke oben am Stock befestigt werden.

Tipp

Die Kinder können auch ein stabiles weißes Papier nach eigenen Vorstellungen bemalen. Wenn flüssige Farbe verwendet wird, sollte das Blatt mit einem Buch o. Ä. beschwert werden, damit es nicht wellt. Wenn das Windrad wetterfest sein soll, muss das Papier laminiert oder bereits beschichtetes Papier verwendet werden.

Fang den Wind

EIN EINFACHES WINDSPIEL HERSTELLEN

ab **5** Jahren

Wind ist ein faszinierendes Element – er ist unsichtbar, kann jedoch schon beim kleinsten Hauch kleine Blumen oder zarte Gräser bewegen. Diese Eigenschaft können die Mädchen und Jungen für ein Mobile oder Windspiel nutzen. Wenn die Kinder noch kleine Glöckchen anbinden, können sie den Wind sogar hörbar machen!

Das brauchen Sie

➡ 1 Ast/Zweig
➡ Schnur, Garn, Wolle und/oder Stoffreste
➡ verschiedene Materialien, wie z. B. Blätter, Eicheln, Zapfen, Stöckchen, Federn, Perlen, Glöckchen
➡ evtl. Acrylfarben und Pinsel
➡ Scheren

Die Kinder befestigen verschiedene Dinge an den Schnüren und binden diese dann an einen Ast. Wenn es ein Gemeinschaftsprojekt sein soll, den Ast größer wählen. Falls jedes Kind ein eigenes Windspiel herstellen möchte, dann einen kleineren Zweig nehmen. Zwischen die Schnüre können auch noch in Fetzen gerissene Stoffstreifen gebunden werden. Um das Windspiel aufhängen zu können, müssen die Kinder an beiden Enden des Hauptastes noch eine etwas dickere Schnur anknoten. Als weitere Alternative können die Mädchen und Jungen auch kleine Stöckchen anmalen, trocknen lassen und diese mit ein wenig Platz dazwischen an den größeren Ast binden. Wenn der Wind hindurchfährt, klappern die Hölzchen aneinander, was sich auch sehr schön anhört.

Für das Windspiel am besten einen Platz im Freien wählen – oder alternativ an einem Fenster, welches häufiger geöffnet wird –, damit die Kinder gut beobachten können, wie der Wind die Objekte bewegt.

Sonderfall Magnetkraft

EIN ZAUBERTRICK ZUM NACHMACHEN

Im Alltag sind wir alle ständig umgeben von Magneten: Sie stecken in Schrankverschlüssen, Schraubendrehern und Bohrmaschinen, werden in Fahrraddynamos und Kompassen verwendet. Magnetkraft oder Elektromagnete braucht man im E-Auto, bei einem MRT (Magnetresonanztomografie) und Kraftwerke brauchen Magneten in ihren Generatoren. Darum bekommt die Magnetkraft hier ein kleines Extra und stellt sich mit einem Zaubertrick vor!

Das brauchen Sie

- 1 Tonkartonbogen in Weiß oder Hellgrün
- 1 kleine Kunststoffspielfigur, beispielsweise ein Tier
- 1 Cent-Münze
- Magnet
- Klebestreifen oder Alleskleber

ab 2 Jahren

Den Zaubertrick vorführen

Kleben Sie die Münze unten an der Spielfigur fest. Malen Sie eine Wiese auf den Tonkarton und halten Sie ihn so (waagerecht), dass die Kinder nicht darunterschauen können. Nun stellen Sie die Figur auf die Wiese. Wenn Sie nun den Magneten von unten von der anderen Seite her an den Tonkarton halten, können Sie die Figur wie von „Zauberhand" über die „Wiese" wandern lassen.

Die Kinder raten lassen

Die Kinder können nun raten und schätzen, wie das möglich ist, und schließlich den Magneten in Ihrer Hand entdecken. Nun möchten die Kinder bestimmt selbst ausprobieren, wie man die Figur zum Wandern bringen kann. Halten Sie einige Materialien bereit, die vom Magneten angezogen werden (Dinge aus Kobalt, Nickel und/oder Eisen wie Münzen, Büroklammern, Nägel und Schrauben, Schlüssel …), und welche, die nicht auf die Magnetkraft reagieren (Korken, Holzbausteine, Holzstifte, Kunststoffspielzeug …). Damit können die Kinder nun frei experimentieren und die Gegenstände sortieren nach „magnetisch" und „nicht magnetisch".

Magnet-Safari

Machen Sie eine Magnet-Rallye oder ein kleines Kreisspiel: Können die Kinder sich denken,

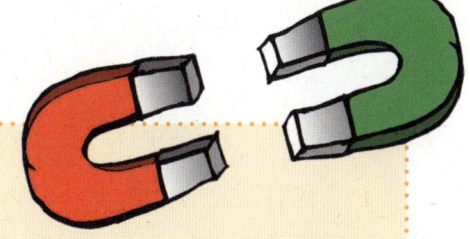

Was hat Magnetismus mit Strom zu tun?

Der Magnetismus wird oft als kleiner Bruder des Stroms bezeichnet, denn bei beiden gibt es Ladungen und Kräfte zwischen Plus- und Minuspol. Der Magnet ist ein besonderes Mineral, ein besonderer Stein. Alle Körper haben eine elektrische Ladung, aber Magnete haben darüber hinaus einen Plus- sowie einen Minuspol, zwischen denen Ladung fließen kann. Magneteisensteine kommen in der Natur vor. Früher nutzten die Menschen ihre unerklärlichen Kräfte beispielsweise schon im Kompass. Heute stellen Elektrotechniker:innen Elektromagnete aus stromdurchflossenen Spulen selbst her und verwenden sie für Elektromotoren und Generatoren.

wo überall Magnete vorkommen (Kühlschrankmagnete, im Angelspiel, an Schranktüren …)? Sammeln Sie alle Magnete in der Kita in einer Schachtel und fragen Sie auch die Eltern um Spenden. Stellen Sie sich so eine Magnet-Experimentier-Kiste zusammen.

Noch mehr Experimentieren

Mit der Experimentierkiste können die Kinder selbstständig ausprobieren und spielen. Für die älteren Kinder können Sie hier Nägel hinzulegen. Die Kinder können nun beobachten, wo genau Magnete die Nägel anziehen. Die Magnete können sich auch gegenseitig anziehen oder abstoßen.

Welches Material isoliert am besten?

MIT WÄRME UND KÄLTE EXPERIMENTIEREN

Im Winter wollen wir, dass unsere Getränke so lange wie möglich warm bleiben, im Sommer dagegen schätzen wir eine kühle Erfrischung. Bestimmt haben die Kinder schon festgestellt, dass der heiße Tee oft viel zu schnell abkühlt und die kalte Limo sich in der Sonne aufwärmt. Wie kann man das verhindern? Welche Möglichkeiten gibt es, Lebensmittel gegen Kälte oder Hitze zu isolieren? In dem nachfolgenden Experiment können die Kinder es herausfinden!

Das brauchen Sie

- gleich große Marmeladengläser mit Deckel
- sehr warmes Wasser
- Eiswürfel
- verschiedene Materialien, z. B. Papier, Pappe/Pappkarton, Plastiktüte, Alufolie/leere Konservendose, Schaumstoff, Styropor, Moosgummi, Filz, Woll- und Baumwollsocken, Holzkiste (passend für das Glas) etc.
- evtl. Thermometer

ab **3** Jahren

Füllen Sie etwa gleich viel von dem sehr warmen Wasser in die Gläser, schrauben Sie diese mit den Deckeln zu und stellen Sie sie auf den Tisch. Die Kinder umwickeln nun jedes Glas mit einem anderen Material und warten danach ca. 30 Minuten ab. Eines der befüllten Gläser kann auch zum Vergleich ohne Ummantelung bleiben. Wenn die Zeit abgelaufen ist, wickeln die Kinder das Material von einem Glas ab und legen ihre Hände vorsichtig darum, um die Temperatur zu fühlen. Danach kommt das nächste Glas dran usw. Haben die Kinder Unterschiede festgestellt? Welches Glas war am wärmsten? Anschließend das gleiche Experiment noch mit Eiswürfeln statt warmem Wasser durchführen. Gläser vorher gut abtrocknen und abkühlen lassen, damit das Eis nicht schon vorzeitig schmilzt. Was stellen die Kinder hier fest? In welcher Umhüllung ist der Eiswürfel noch am größten, in welcher hat er sich bereits in Wasser aufgelöst? Besprechen Sie anschließend gemeinsam das Experiment. Was haben die Kinder daraus gelernt? Wie könnte man diese Erfahrungen im Alltag umsetzen, um Strom und Heizkosten zu sparen?

Wärmespeicher im Vergleich

EIN SCHÄTZSPIEL FÜR KLEINE FORSCHER

ab **4** Jahren

Die größte natürliche Wärmequelle ist die Sonne. Alte Kulturen und auch unsere Ahnen nutzten sie zum Kochen, Backen und um sich zu wärmen. Statt einer Wärmflasche wurden früher beispielsweise erhitzte Steine in ein Tuch gewickelt und ins Bett gelegt. Doch wie lange hält sich die Wärme in Naturmaterialien? Wie lange hält sie sich in Kunststoffen? Dieser Frage gehen die Kinder in diesem Ratespiel auf die Spur.

Das brauchen Sie

- Wärmflasche + Wasser
- verschiedene Naturmaterialien, z. B. Ziegelstein, große/kleine Kieselsteine, Sand, Dinkelkissen/Getreidekörner, Kirschkernkissen/Kirschkerne, rohe Kartoffel mit Schale, etwas aus Holz
- weitere Dinge, z. B. Kleidung, Papier, Metall- und Plastikgegenstände, Alufolie
- Baumwoll-/Küchenhandtücher
- Schnur
- Papier + Stift

Wickeln Sie Steine, Sand, Kartoffel, lose Körner und Kerne nach Art/Größe getrennt in Baumwolltücher und binden Sie diese gegebenenfalls zu. Erwärmen Sie alle Naturmaterialien ca. 30 Minuten im Backofen bei 60 °C. Füllen Sie anschließend eine Wärmflasche mit 60 °C heißem Wasser. Jedes Kind berührt die einzelnen Dinge und gibt eine Schätzung ab, welche am längsten warm bleiben und welche am schnellsten abkühlen. Notieren Sie die Angaben. Die Kinder prüfen nun alle 5–10 Minuten die Gegenstände. Dieses Experiment kann im Sommer auch mit Sonnenlicht durchgeführt

werden, indem die Kinder alle bereits erwähnten Gegenstände (außer der Wärmflasche) für 30 Minuten in die pralle Sonne legen. Hierfür können noch weitere Dinge hinzugefügt werden, wie z. B. helle und dunkle Kleidung, weißes und schwarzes Papier, etwas aus Plastik, Metall, Alufolie etc. Die Kinder können auf diese Weise auch herausfinden, ob es sinnvoll ist, im Sommer eher helle oder dunkle Kleidung zu tragen.

Heizkosten-Tipps für Sparfüchse

EIN KINDERLEICHTER BEITRAG ZUM KLIMASCHUTZ

In der kalten Jahreszeit möchten wir es drinnen gerne gemütlich warm haben. Doch wussten Sie, dass die meiste Energie – etwa 80 % – durch Heizung und Warmwasser verbraucht wird? Es gibt jedoch viele Tipps, die uns dabei helfen, Kosten zu sparen und dennoch nicht zu frieren. Die Kinder können hier Energie-Detektive spielen und ein wachsames Auge darauf haben, ob in der Kita klimaschonend geheizt wird.

Am besten kleine Gruppen bilden, von denen jede Woche eine andere ihr „Amt" übernimmt. Folgende Punkte überprüfen die Kinder täglich:

ab 5 Jahren

1. Optimale Zimmertemperatur

Im Gruppenraum ist eine Temperatur von 20°C angenehm. Dafür stellen die Kinder morgens das Thermostat aller Heizkörper im Zimmer auf Stufe 3. Für die restlichen Räume sind je 18°C ausreichend. Dies entspricht Stufe 2. In ungenutzten oder selten genutzten Zimmern wird das Thermostat auf 1 gestellt. Kurz bevor alle die Kita verlassen, stellen die Kinder die Heizung im Gruppenraum auf Stufe 2.

2. Geschlossene Türen

Am besten alle Türen schließen – so kann sich die Wärme in den Räumen halten. Auch Türen zu wenig genutzten und daher spärlich geheizten Räumen sollten nicht offen stehen. Die Kinder überprüfen auch, ob unter irgendeiner Tür kalte Luft hindurchzieht. Sollte dies der Fall sein, melden sie es den Erwachsenen, damit diese einen Zugluftstopper besorgen können. Hier gibt es z. B. witzige Teile in Form von Tieren. Vielleicht kann so ein Luftstopper aber auch in kreativer Gemeinschaftsarbeit hergestellt werden? Notfalls hilft auch eine alte zusammengerollte Decke, die im Raum vor die Tür gelegt wird.

3. Frische Luft

Natürlich muss auch gelüftet werden, am besten 2x täglich. Dafür die Fenster ganz öffnen, am besten sogar mit Durchzug – so tauscht sich die verbrauchte Luft im Raum noch schneller aus. Diese Aufgabe übernehmen natürlich die Erwachsenen! Die Kinder achten darauf, dass dieser Vorgang richtig durchgeführt wird. Zunächst die Heizung im Raum abdrehen,

danach die Fenster für 10 Minuten (im Herbst), 5 Minuten (im Winter) oder 15 Minuten (im Frühling) bzw. 20 Minuten (im Sommer) weit öffnen. Das nennt man „Stoßlüften". Wenn die Fenster wieder zu sind, schließen die Kinder die Türen und stellen die Heizung erneut auf die entsprechend optimale Stufe. Wichtig: Gekippte Fenster meiden, denn dies sorgt nicht wirklich für einen guten Luftaustausch und erhöht nur unnötig die Heizkosten!

4. Fenster nachts bedecken

Im Spätherbst und Winter wird es früh dunkel und damit sinken die Außentemperaturen. Jetzt ist die Zeit, Jalousien herunterzulassen oder Vorhänge zu schließen, damit die Wärme in den Räumen bleibt.

5. Heizkörper frei halten

Damit sich die Wärme bestmöglich im Raum verteilen kann, darf nichts auf den Heizkörpern liegen (Spielzeug, Bücher), vor ihnen stehen (Möbel) oder hängen (Gardinen). Die Kinder prüfen überall, ob das der Fall ist, und räumen kleine Dinge weg. Sollte irgendwo ein Möbelstück davorstehen oder Vorhänge zu lang sein, sollten die Erwachsenen den Gegenstand woanders platzieren und Gardinen kürzen oder austauschen.

Wärme kann auch lecker sein!
HEISSGETRÄNKE FÜR DIE KALTE JAHRESZEIT

Auch ein heißes Getränk und ein warmer Pullover sorgen für Wärme – von innen und von außen! Das spart Heizkosten und das Thermostat kann zeitweise mal eine Stufe heruntergedreht werden. Nachfolgend finden Sie ein paar wohlschmeckende Rezeptideen.

ab 2 Jahren

Apfeltee

Das brauchen Sie

- 1–2 Bioäpfel
- 600 ml heißes Wasser

Kleingeschnittene Apfelstückchen (mit Schale!) in vier Tassen geben, mit kochendem Wasser übergießen und 20 Minuten ziehen lassen. Die Stückchen können von den Kindern mit einem Löffel herausgefischt und mitgegessen werden.

Fruchtpunsch

Das brauchen Sie

- 2 Orangen
- 100 ml Apfelsaft
- 100 ml Holundersaft
- 400 ml Früchtetee
- evtl. frischer Ingwer, Zimtstange, Honig, Apfeldicksaft

Die Säfte (mit den Gewürzen) im Topf leicht erwärmen. Falls Ingwer und/oder Zimt verwendet wird, noch etwas ziehen lassen und Gewürze danach entfernen. Frisch aufgebrühten Früchtetee und den Saft der ausgepress-

ten Orangen hinzufügen. Alles vermischen, nach Wunsch mit Honig oder Apfeldicksaft abschmecken und auf vier Gläser/Tassen verteilen.

Tipp

Äpfel oder Orangen in Scheiben schneiden, Motive mit einem Ausstechförmchen ausstanzen und an den Rand der Gläser stecken.

Hagebuttentrunk

Das brauchen Sie

- 400 ml heißes Wasser
- frischer Ingwer
- 400 ml (frisch gepresster) Orangensaft
- 2 EL Hagebuttenpulver (aus der Drogerie, dem Bioladen oder Reformhaus)
- evtl. Zitronensaft, Honig, Apfeldicksaft

Ungeschälten Ingwer in grobe Stücke schneiden und in abgekochtem Wasser ziehen lassen. Stückchen herausnehmen und Hagebuttenpulver mit einem Schneebesen ins heiße Wasser mixen. Orangensaft hinzugeben, eventuell mit Honig, Apfeldicksaft und/oder Zitronensaft abschmecken und auf vier Tassen verteilen.

Draußen in Garten, Stadt & Wald

Vor Ort in Wald, Stadt oder Kita-Garten untersuchen die Kinder in diesem Kapitel die Auswirkungen des Straßenverkehrs auf unsere Umwelt. Gleichzeitig bekommen Sie als Fachkräfte und auch die Kinder Tipps, wie Sie mit einfachen Mitteln für bessere Wärmeisolation und bessere Luft in und um die Kita sorgen können.

Von der Natur abgeschaut

WIE TIERE UNS ENERGIESPARMASSNAHMEN VORLEBEN

Wir Menschen haben uns schon immer viel von den Pflanzen und Tieren abgeschaut – dies war und ist auch ein Teil unserer Überlebensstrategie! Die Wissenschaft hat ein eigenes Forschungsgebiet daraus gemacht: die *Bionik*. Als Vordenker gilt Leonardo da Vinci mit seinem Manuskript über den Vogelflug. Werfen wir doch einmal einen Blick in die Welt der Tiere: Was können wir aus ihrem Verhalten lernen, um in der kalten Jahreszeit Energie zu sparen?

Winterfell

Alle Tiere in nördlichen Klimazonen bekommen im Winter ein dichteres Federkleid oder dickeres Fell. Auch der Mensch hatte in der Frühzeit eine üppigere Körperbehaarung. Die „Gänsehaut", unsere Reaktion auf Kälte, ist mit dem Aufplustern der Vögel vergleichbar und galt einst der Isolierung von Wärme. Mit den wenigen Haaren, die uns geblieben sind, schaffen wir das natürlich nicht mehr. Dafür gibt es heute aber andere Möglichkeiten, die uns vor Kälte schützen können: wollige Pullover, Decken und Jacken, die aus mehreren Schichten bestehen. Den gleichen Effekt erzielt man auch mit einem Zwiebellook. Hierfür zieht man mehrere Kleidungsstücke übereinander und zum Schluss etwas Dickes darüber.

Dunkle Oberfläche

Hast du gewusst, dass Eisbären unter ihrem Fell eine schwarze Haut haben? Dies ist eine geniale Einrichtung der Natur, denn die dunkle Oberfläche wirkt wie ein Solarkollektor, der die Sonnenstrahlen speichert. Das dichte Fell sorgt zusätzlich noch dafür, dass sich die Wärme gut hält. Diese Beobachtung können wir uns zunutze machen, indem wir im Winter dunkle Kleidung tragen. Bestimmt haben die Kinder schon die Erfahrung gemacht, dass sich im Sommer ein schwarzes Shirt mehr aufheizt als ein weißes!

Ernährungsumstellung

Manche Tiere haben im Winter ein anderes Fressverhalten als im Sommer, andere legen sich vor der kalten Jahreszeit noch eine dicke Fettschicht zu. Marienkäfer und einige Schmetterlinge produzieren im Körper ein „Frostschutzmittel" aus Glycerin und Zucker. Was können wir uns hier abschauen? Eine saisonale und regionale Ernährung aus guten Fetten und Kohlenhydraten (siehe: *Auch unser Körper funktioniert mit Energie*), aber auch warme Speisen und Getränke (siehe: *Wärme kann auch lecker sein*) wärmen unseren Körper von innen.

In den Süden ziehen

Viele Vögel und auch einige Schmetterlinge fliegen in den Süden, wenn es bei uns kalt wird. Für den Menschen ist diese Praktik im Sinne der Nachhaltigkeit natürlich nicht zu empfehlen! Für den, der ein Ferienhäuschen in wärmeren Gebieten besitzt, kann es jedoch durchaus eine energiesparende Option sein. Das Ziel sollte dann jedoch mit umweltfreundlicheren Verkehrsmitteln wie Fernbus oder Eisenbahn erreicht werden können.

Winterschlaf halten

Winterruhe oder -schlaf ist für viele Tiere überlebenswichtig. In geschützten Behausungen reduzieren sie ihre Körperfunktionen und befinden sich so im „Energiesparmodus". Auch diese Methode ist für die meisten von uns – obwohl es sich verlockend anhört – keine alltagstaugliche Option. Doch auch der menschliche Körper benötigt im Winter mehr Schlaf und Ruhe. Im Sinne der Nachhaltigkeit sparen wir auf diese Weise Energie – unsere eigene und die der Heizung.

Mit der Sippe kuscheln

Und schließlich eine ganz einfache Strategie: Machen wir's wie die Murmeltiere, Lemminge, Wildschweine, Zaunkönige, Fledermäuse, Bienen und Marienkäfer, die sich im Winter gegenseitig wärmen. Ob mit den Eltern, Großeltern, der Freundin, dem besten Freund oder einem Haustier – Kuscheln schenkt nicht nur Wärme, sondern stärkt auch den sozialen Zusammenhalt.

Im Winter warm, im Sommer kühl

GEBÄUDEBEGRÜNUNG FÜR DIE STADT DER ZUKUNFT

Immer wichtiger in puncto Nachhaltigkeit wird die sogenannte Gebäudebegrünung. Könnte das nicht auch was für Ihre Kita/Ihre Krippe sein? Die Vorteile sind vielfältig und helfen sogar, Energie und Geld zu sparen.

Verbesserung des Klimas

Gerade in unseren Städten steigen die Temperaturen und es findet wenig Luftaustausch statt. Eine Gebäudebegrünung wirkt hier als natürliche Klimaanlage, welche die Fassaden im Sommer vor intensiver Sonneneinstrahlung und im Winter vor Kälte schützt.

Die Grünpflanzen binden aber auch Schadstoffe, produzieren den für uns lebenswichtigen Sauerstoff und sorgen für eine angenehme Luftfeuchtigkeit.

Natürliche Wärmedämmung

Immergrüne Kletterpflanzen am Haus wirken wie eine lebendige „Außentapete": Sie dämmen die Mauern, halten Wind und Kälte fern. Dies wirkt sich sehr positiv auf die Energiekosten und damit auch auf das Klima aus. Im Sommer liegen die Pflanzenblätter wie eine Jalousie am Haus, schenken dadurch eine kühle Frische und schützen die Fassade vor dem Aufheizen.

Lärmschutz und Lebensqualität

Eine Gebäudebegrünung mindert die Lärmbelastung um etwa zehn Dezibel. Kletterpflanzen verwandeln unscheinbare Fassaden in eine ästhetische Augenweide, verbessern dadurch das Wohnumfeld, haben eine positive Wirkung auf das Wohlbefinden und steigern die Lebensqualität der Bewohner. Wenn es die baulichen Möglichkeiten zulassen, können selbst Dächer begrünt und zur Selbstversorgung oder Erholung genutzt werden.

Biodiversität und Artenschutz

Mit „grüner Architektur" können wir auch einen kleinen Ausgleich für die Zerstörung mancher Lebensräume schaffen. Je nach der verwendeten Pflanzenart siedeln sich im Blattwerk vielerlei Vögel, Insekten und sogar Eichhörnchen an.

Gebäudeerhaltung

Entgegen der häufigen Befürchtung, dass die Kletterpflanzen das Mauerwerk zerstören, ist es eher so, dass sie für dessen Erhalt sorgen. Die dichte Begrünung hält intensive Sonnenbestrahlung, Schadstoffe, starke Niederschlä-

ge, Feuchtigkeit, Schimmel und Schmutz vom Gebäude fern. Eine intakte Fassade ist allerdings Voraussetzung!

Wichtig zu wissen

Viele der genannten Vorteile werden nur mit einer vollflächigen Begrünung wirksam – hier zählt jeder Quadratmeter!

Weiterführende Infos, Pflanzenauswahl + Löwenzahn-Video „Peter baut sich grüne Wände":

www.nabu.de/umwelt-und-ressourcen/
oekologisch-leben/balkon-und-garten/
grundlagen/dach-wand/
www.youtube.com/watch?v=jiYtiqDH7tw

Warum ist es im Komposthaufen warm?

AKTIVE MIKROORGANISMEN ERZEUGEN ENERGIE

Ebenso wie Menschen und Tiere können auch Kleinstlebewesen bei der Nahrungsaufnahme Wärme speichern und abgeben. Zu diesen Mikroorganismen zählen unter anderem Bakterien und Pilze. Sie sind wichtige Helferlein für alle Gärtner, die einen Kompost anlegen möchten. Wie das alles zusammenwirkt, erfahren die Kinder im folgenden Beitrag.

Energie durch Transformation

Ein Komposthaufen ist nicht, wie viele denken, ein chaotisches Durcheinander aus Lebensmittel- und Pflanzenabfällen. Ein Gärtner muss, will er später einen guten Dünger für seine Pflanzen erhalten, einiges beim Schichten der „Miete" beachten. Um eine optimale Kompostierung zu gewährleisten, werden Pflanzenteile wie Zweige, Gras, Laub und Reste aus der Küche in einer bestimmten Reihenfolge abwechselnd aufeinandergehäuft. Dann geschieht der Zersetzungsprozess: Das organische Material wird von Mikroben und Würmern verzehrt und wieder ausgeschieden. Im Prinzip funktioniert dieser Vorgang ähnlich wie im Erdboden. Durch die Nahrungsaufnahme und -abgabe der kleinen Lebewesen wird im Komposthaufen Energie in Form von Wärme freigesetzt. Im Laufe des Umwandlungsprozesses entstehen Temperaturen zwischen 20 und 70 °C.

Einen Komposthaufen anlegen

Wenn Sie mit den Kindern einen eigenen Komposthaufen anlegen möchten, sind drei Dinge wichtig: Standort, Zutaten und Pflege. Wählen Sie einen Ort abseits von Sitz- oder Spielbereichen, der weder zu sonnig noch zu windgeschützt ist. Halbschatten wäre ideal. Bauen Sie anschließend gemeinsam eine stabile, aber luftdurchlässige Umrandung aus Ästen an einer Stelle mit Erdboden auf. Alternativ können Sie auch einen fertigen Steckkomposter aus Holz verwenden. Eine Öffnung zum Entnehmen des fertigen Kompostes sollte ebenfalls berücksichtigt werden.

Das Aufschichten der Kompostmiete

Zunächst sammeln die Kinder Zweige und legen diese in die Umrandung. Der Boden sollte etwa 20 cm hoch mit Holzmaterial bedeckt sein. Diese Schicht sorgt für eine gute Sauerstoffzufuhr und ermöglicht den Würmern und Mikroben aus dem Erdreich einen guten Zugang zu den Kompostbestandteilen. Für die zweite Schicht legen die Kinder Gras, Rasenschnitt, Laub und Pflanzenteile ohne Schädlingsbefall auf die Äste und Zweige. Abwechselnd werden nun in dieser Reihenfolge mehrere Schichten je 10–20 cm hoch aufeinandergelegt. Oben finden dann Abfälle aus der Küche (Tee, Kaffeesatz, Obst- und Gemüsereste), Naturpappe,

Haare, Federn, Stroh und Reste von gesunder Blumenerde ihren Platz. Danach geht's weiter mit Holz – Pflanzenteile – Küchenabfall – etc.

Die Pflege nicht vergessen!

An heißen Tagen muss der Kompost gewässert werden, damit Mikroorganismen gelöst und Nährstoffe transportiert werden können. Sollten sich Ameisen zeigen, ist der Kompost zu trocken. Riecht er modrig oder lässt sich Wasser aus dem Material herausdrücken, ist er zu nass. Jedes Jahr im Frühling wird der gewonnene Humus für das Säen und Setzen neuer Pflanzen genutzt und der Kompostbehälter, wenn möglich, umgesetzt.

Eine kleine und eine größere Broschüre im pdf-Format für Kinder:

www.docplayer.org/45913969-Die-natur-kennt-keine-abfaelle.html
www.hannover.de/Media/01-DATA-Neu/Downloads/Landeshauptstadt-Hannover/Umwelt/Umweltinformation/Publikationen-Umweltbildung/Broschüre-„Die-Natur-kennt-keine-Abfälle"

Tierisch viel Verkehr!

DIE STRASSEN UND WEGE DER TIERE – UND EIN SPIEL DAZU

Mit unseren Straßen, dem Verkehrslärm und den Abgasen stören wir die Tiere. Warum und wie genau? Das erkennen die Kinder selbst, und zwar wenn Sie sich gemeinsam auf die Suche nach dem Verkehr im Tierreich machen – und da können Sie so einiges entdecken.

Ameisenstraßen

Ameisenstraßen finden Sie bestimmt auch in Ihrem Wald oder Kita-Garten. Auch diese Straßen sind nicht zufällig entstanden, sondern sie dienen den Ameisen zur Kommunikation und Orientierung. Hat beispielsweise ein Tierchen eine Futterquelle entdeckt, ruft es schnell andere Ameisen dazu, bis eine solche Straße entsteht. Ameisen rufen natürlich nicht, sondern sie markieren ihre Wege mit bestimmten Duftstoffen.

Vogelzugrouten

Zugvögel haben eine Art eingebauten Kompass: Sie können sich am Magnetfeld der Erde orientieren – ähnlich wie wir es mit unseren Kompassen tun – und nutzen außerdem den Stand von Sonne und Sternen zur Orientierung.

Tierfährten und -pfade

Hase, Reh und Fuchs haben tatsächlich – genau wie wir – Straßen und Wege. Man nennt sie Wildwechsel und Sie können sie in jedem Wald und auch auf Wiesen und in Hecken finden. Sie sehen aus wie kleine Pfade, wie sie auch entstehen, wenn Menschen häufig einen Weg benutzen. Wenn Sie ihnen folgen, gelangen Sie auf größere Wege. Manche führen auch an Wasserstellen (Quellen, Tümpel und kleine Seen).

Wald- oder Gartenspiel: Ameisenstraße

Haben die Kinder Lust, Ameisen zu spielen? Besorgen Sie bunte Stoffreste, die Sie mit ätherischen Ölen beduften. Klären Sie dazu unbedingt zunächst eventuelle Allergien der Kinder gegen bestimmte ätherische Öle ab. Kinder unter 3 Jahren sollten außerdem nicht teilnehmen. Beduften Sie einen Teil der Stoffreste beispielsweise mit Zitronen- oder Grapefruitduft (günstig erhältlich im Drogeriemarkt – auch als naturreines ätherisches Öl), den anderen Teil vielleicht mit Lavendel. Nun legen Sie zwei Fährten aus: die eine mit Zitrone/Grapefruit, die andere mit Lavendel. Am Ende der einen Fährte können Sie eine kleine Überraschung für die Kinder verstecken. Nun können Sie den Kindern den Duft verraten, der sie zum Schatz führt. Ob die Kinder sich durchschnuppern können?

Lichtverschmutzung

EIN SELBSTVERSUCH MIT LEUCHTMATERIAL

ab **4** Jahren

Unsere Großstädte erhellen nachts unnatürlich die Welt. Diese Lichter, die für uns normal und wichtig sind, können den Tieren schaden. Zugvögel werden beispielsweise dadurch von ihren Flugrouten abgelenkt. Das nennt man auch Lichtverschmutzung. Dieses Phänomen können die Kinder einmal selbst nachspielen – mit einem kleinen Versuch.

Das brauchen Sie

- **Sterne aus Leuchtmaterial (leuchten nur im Dunkeln)**
- **einen Raum, der abgedunkelt werden kann**

Der Versuch beginnt

Beleuchten Sie die selbstleuchtenden Sterne ausreichend lange, sodass sie genug Leuchtenergie speichern können. Verstecken Sie die Sterne so im Raum, dass die Kinder sie nicht direkt entdecken können, sie aber im Dunkeln trotzdem am Leuchten zu entdecken sind, beispielsweise auf Regalen.

Das gibt's zu entdecken

Dunkeln Sie den Raum ab und lassen Sie das große Deckenlicht an. Können die Kinder die Sterne entdecken? Nein? Dann dunkeln Sie den Raum jetzt ab. Nach einiger Zeit und wenn sich die Augen an das dunklere Licht gewöhnt haben, können die Kinder die Sterne sehen. Genauso geht es den Vögeln. Ist es zu hell, können sie ihre Bezugspunkte am Himmel nicht mehr gut erkennen.

Das ist die Erklärung

Lichtverschmutzung bedeutet, dass manche Regionen der Erde niemals dunkel sind. Über 90 % der nachtaktiven Insekten sind aus diesem Grund in Europa ausgestorben oder vom Aussterben bedroht. Aber auch uns Menschen bringt die ständige Helligkeit durcheinander, denn genau wie andere Lebewesen sind wir auf den natürlichen Tag-Nacht-hell-und-dunkel-Rhythmus der Erde angewiesen. Menschen in Großstädten reagieren beispielsweise mit Schlafstörungen darauf.

Tipp

Sie können mit den Sternen auch eine Spur auslegen, der die Kinder im Dunkeln folgen können. Nehmen Sie Kinder, die im Dunkeln ängstlich sind, an die Hand!

Wie sauber ist unsere Luft?

EINE KLEINPARTIKEL-RALLYE MIT EXPERIMENT

Wenn Sie eine Decke ausschütteln, während Sonnenstrahlen durchs Fenster fallen, können Sie mit den Kindern beobachten: feinste Staubpartikelchen, die ganz natürlich sind. Aber es gibt auch Kleinstteilchen in der Luft, die nicht gut für uns sind. Dieser Versuch macht sie sichtbar.

Das brauchen Sie

➡ Notizblock und Stifte
➡ Einmachgläser
➡ doppelseitiges Klebeband

ab 3 Jahren

Der Versuch beginnt

Spazieren Sie durch Ihr Viertel und schauen Sie nach, wo Fenster, die an einer Straßen liegen, besonders schmutzig sind. Gucken Sie an den Blattunterseiten von Pflanzen am Weg- oder Straßenrand nach. Stellen Sie Einmachgläser auf, deren Deckel sie mit dem Klebeband bekleben. In die Gläser kommt ein Zettel mit der Notiz des Standortes.

Das gibt's zu beobachten

Nach einer Woche sammeln Sie Ihre Gläser, Pflanzenblätter und anderen Fundstücke ein und schauen nach, was sich hier so alles sehen lässt. Manche Gläser sind schmutziger als andere, das Gleiche kann auch für Pflanzenteile gelten.

Das ist die Erklärung

Falls bei Ihnen gerade Gläser auffällig sein sollten, die nicht nah an der Straße, sondern in Wald oder Park aufgestellt wurden, ist das nicht erstaunlich: Abgase, Pollen, Rußpartikel und Smog werden vom Wind oft über recht weite Entfernungen weitergetragen. Feinstaub und Abgase belasten unsere Atemwege, sie sind gesundheitsschädlich und sie sind schlecht für das Klima. Denn sie sammeln sich in der Erdatmosphäre an und bewirken den Treibhauseffekt.

Das könnten Ihre Kinder schon tun

– Anwohner über den Versuch informieren und zum Mitdiskutieren anregen
– In den Familien diskutieren, ob man mehr mit Fahrrad und ÖPNV fahren kann
– Bäume und Sträucher (mit Hilfe und Erlaubnis von zuständigen Behörden, Trägern, Ämtern) pflanzen (sie fangen einen Teil der Abgase ab)
– Landrat/Landrätin oder lokale Medien informieren

Safaris und Augen-auf-Ausflüge

Wer die Augen und Ohren offen hält, der versteht die Welt. In diesem Kapitel warten spannende Ausflugstipps, Rallyes und Spaziergangideen auf Sie und die Kinder. Untersuchen Sie Straßendecken, Autokennzeichen, das Fahrrad oder den Stromverbrauch der Kita!

Was gehört alles zum Fahrrad?

EIN SPIEL FÜR RADEXPERTEN

ab **4** Jahren

Mit dem Fahrrad zu fahren, schont die Umwelt: Fahrräder verursachen keine Abgase und man kann sie lange benutzen. Auch Ihre Kinder fahren bestimmt schon mit Lauf-, Drei- und echten ersten Fahrrädern. Aber kennen sie sich auch damit aus? Wer sein Fahrrad „versteht", der wird es bestimmt auch gern benutzen!

Das brauchen Sie

- ➡ Teile und Zubehör vom Fahrrad, beispielsweise aus einer Fahrradwerkstatt oder selbst gesammelt: Klingel, Pedale, 1 Rad/Reifen, Luftpumpe, Flickzeug, Lampe, Fahrradschloss, Sattel …
- ➡ 1 Korb
- ➡ 1 Tuch

Sammeln Sie alle Teile im Korb und decken Sie alles mit dem Tuch ab. Die Kinder können das Tuch entfernen und den Korb ausräumen. Wozu gehören all diese Teile? Wissen die Kinder das? Besprechen Sie die einzelnen Bau-

und Zubehörteile. Dann können Sie eine kleine Rategeschichte durchführen. Passend zum Sprechtext deuten die Kinder auf die richtigen Teile oder halten sie hoch.

Heute will Ole Fahrrad fahren, aber irgendetwas klappt nicht. Ob das Fahrrad kaputt ist? Ole guckt sich alles genau an: Jedes Fahrrad hat ein **Vorderrad** und ein **Hinterrad**. Das sind die beiden **Räder**. Die Räder haben **Reifen aus Gummi**, die Reifen haben ein **Profil**. Das Profil macht einen Abdruck im Matsch oder Sand. Dann guckt Ole noch den **Sattel** an. Und zum Schluss schaut er sich die beiden **Pedale** an. Alles scheint in Ordnung zu sein: Die **Klingel** testet Ole auch. Sie funktioniert. Ole steigt wieder auf und fährt an. Juhu, jetzt klappt alles!

Tipp

Bauen Sie – je nachdem, welche Bauteile Sie ergattern konnten – weiteres Fahrradzubehör in Ihre Fahrradgeschichte ein! Fragen Sie die Kinder auch, was genau die einzelnen Teile machen: Warum brauchen Fahrräder eine Klingel? Wozu sind die Pedale da? Warum muss an jedem Fahrrad, das am Verkehr teilnimmt, eine Lampe angebracht sein? Was macht man mit der Luftpumpe?

Mal nachgeguckt auf der Straße

SCHLAGLÖCHER-SAFARI

ab **2** Jahren

Gucken Sie doch mal auf und an Straßen und Wegen nach, beispielsweise auch an forstwirtschaftlichen oder landwirtschaftlich genutzten asphaltierten Wegen: Wo zeigen sich Schlaglöcher und wie sind sie entstanden? Hier lernen die Kinder nicht nur die Sprengkraft von Wasser kennen, sondern sie verstehen auch, dass wir mit unseren Straßen nachhaltig umgehen können.

Das brauchen Sie

- Wasser
- kleines Kunststoffgefäß
- wasserfester Filzstift
- Metermaß
- Notizblock und Stifte

Suchen Sie mit den Kindern eine wenig genutzte Straße oder einen Forst- oder Spazierweg mit Asphalt. Lassen Sie die Kinder selbst ein Schlagloch, einen Riss oder eine Beule im Asphalt finden. Was genau ist das und wie ist es entstanden? Haben die Kinder eine Idee? Manchmal gibt es Schilder, die vor Unebenheiten oder Schlaglöchern in der Straße warnen, wie sehen die aus? Die Kinder können ihre Schätzungen abgeben. Messen Sie die Schlaglöcher auch aus und notieren Sie die Länge/ Größe. Welches ist am größten?

Zurück in der Kita können Sie einen Versuch dazu durchführen: Dazu füllen die Kinder das kleine Gefäß mit etwas Wasser und markieren mit dem Filzstift die Füllhöhe auf dem Kunststoff. Nun geben Sie das so präparierte Gefäß bis zum nächsten Tag in den Tiefkühler. Wenn die Kinder es wieder herausnehmen, können

sie sehen, dass der „Wasserstand" jetzt viel höher liegt: Beim Gefrieren hat sich das Wasser ausgedehnt. Genau das ist auch auf der Straße passiert: Durch feine Risse im Asphalt gelangt Regen in die Straßendecke. Gefriert dieses Wasser, dehnt es sich ebenfalls aus – wie unser Wasser im Versuch. Diese Kraft ist so groß, dass sie sogar die Straße sprengen kann. Und genau so sind die Schlaglöcher entstanden.

Was die Kinder schon tun können

- vorsichtig sein beim Fahren auf Straßen mit Schlaglöchern (Roller, Fahrrad, Dreirad, Rollschuhe),
- erkennen, dass die Kraft des Wassers stärker ist als die Straßendecke,
- zu Hause üben, solche Hindernisse in der Straßendecke zu umfahren,
- weniger mit dem Auto fahren: durch Abnutzung von Straßen entstehen ebenfalls Schlaglöcher und Deformierungen,
- mehr einheimische und saisonale Obst- und Gemüsesorten essen und unnötige Transportwege durch Lkws vermeiden (gerade die schweren Lkws nutzen Straßen ab!).

Strom-Spar-Rallye

SO SPAREN WIR STROM IN DER KITA – UND ZU HAUSE

Die Menschen in früheren Zeiten haben ganz ohne Strom ihren Alltag bewältigt. Statt eines elektrischen Mixers wurde ein Schneebesen benutzt, das Haar an der Luft getrocknet und Musik kam nicht aus der Stereoanlage, sondern wurde selbst gemacht. Die Fragestellung „Wie haben es die Leute früher gemacht?" kann die Kinder dazu anregen, selbst zu forschen und nach Lösungen zu suchen. Doch zunächst wird erst einmal die Kita sowie das eigene Zuhause „auf den Kopf gestellt", um zu untersuchen, was denn da alles so mit Strom läuft.

Das brauchen Sie

- Post-it-Klebezettel oder buntes Washi-Tape (lässt sich ebenfalls leicht von den Gegenständen entfernen)
- Papier und Stift

Wo fließt Strom?

Jedes Kind bekommt ein paar Post-it-Zettel oder eine Rolle Washi-Tape. Damit ziehen sie durch die Kita und heften an alles, was ihrer Meinung nach mit Strom betrieben wird, ein Post-it oder Washi-Tape. Anschließend gehen Sie gemeinsam mit den Kindern die beklebten Gegenstände durch. Vielleicht haben die Kinder noch das eine oder andere Gerät vergessen. Leicht wird übersehen, dass auch Dinge wie eine Türklingel oder ein Heizkörper Strom verbrauchen. Bei vielen Gegenständen, an denen ein Kabel hängt, erkennen die Kinder jedoch bestimmt sofort, dass dies ein Stromgerät ist.

Was sind unnütze Stromfresser und wie können wir sie vermeiden?

Alle Kinder sind sich gewiss schnell einig, dass Lampen, Waschmaschine, Herd und Staubsauger zu den wichtigen Gegenständen gehören, auf die zu verzichten schwierig wäre. Aber was sind „unnütze Stromfresser"? Was braucht man nicht wirklich oder kann es einfach durch etwas anderes ersetzen, das auch ohne Strom funktioniert? Nachdem die zuvor aufgeklebten Zettel entfernt wurden, machen sich die Kinder erneut mit Post-its oder Tape auf einen Rundgang durch die Kita-Räume und bekleben alles, was ihrer Meinung nach unnötig oder durch etwas anderes austauschbar ist. Dazu können beispielsweise elektrische Dosenöffner, Zitruspressen, Eierkocher oder Pfefferstreuer gehören. Aber auch auf Großgeräte wie Spülmaschine und Wäschetrockner kann man leicht verzichten. Anschließend gehen Sie gemeinsam die beklebten Gegenstände durch und lassen die Kinder erzählen, mit was sie die markierten Dinge ersetzen würden. Eine kleine Anregung finden Sie im Kapitel „Experimentierwerkstatt".

Eine Woche lang ein Stromtagebuch führen

Dieses Experiment kann in der Kita oder zu Hause, wenn die Eltern mitmachen möchten, umgesetzt werden. Eine Woche lang notieren die Erwachsenen, welche elektrischen Geräte wie oft, wie lange und für was benutzt werden. Dafür eine Tabelle auf ein Blatt Papier zeichnen und die Informationen entsprechend eintragen. Die Kinder fungieren bei diesem Experiment als „Stromkontrolleure", indem sie die Erzieher:innen oder Eltern immer fragen, welche Geräte sie gerade benutzen, ob diese mit Strom laufen, wie lange sie schon eingeschaltet sind und für was sie benutzt werden.

Natürlich müssen die Kinder diese Fragen auch bei ihrem eigenen Gebrauch anwenden! Am Ende der Woche werden die Aufzeichnungen besprochen und überlegt, welche Dinge ersetzt werden können, um Strom zu sparen. Handbetriebene Geräte sind auf jeden Fall immer umweltfreundlicher, halten länger und kosten nur den Anschaffungspreis!

Tipp

Das Stromtagebuch kann noch erweitert werden, indem der Stromzähler beobachtet wird, während ein Elektrogerät läuft. Diese Zahl wird anschließend mit in die Tabelle geschrieben.

Übersicht im Schilderdschungel

WICHTIGE SYMBOLE FÜR KINDER

Schon für Erwachsene ist es schwierig, sich in der Vielzahl an Warn-, Verbots-, Gebots- und Verkehrszeichen zurechtzufinden. Da Kleinkinder bis zu 6 Jahren meist noch nicht alleine unterwegs sind, soll diese kleine Übersicht nur die wichtigsten Schilder für Kita-Kinder aufzeigen.

Warnzeichen und ihre Bedeutung

Warnschilder sind immer dreieckig, gelb, haben eine schwarze Umrandung und ein schwarzes Symbol. Auch wenn die Kinder die Bedeutung vielleicht noch nicht verstehen, ist es dennoch wichtig zu wissen, dass gelbe Schilder immer Gefahr bedeuten und die Kinder sich von diesem Ort fernhalten sollten!

Allgemeines Warnzeichen für verschiedene Gefahrenquellen

Warnung vor gefährlichen Wachhunden

Warnung vor giftigen Stoffen

Warnung vor elektrischer Spannung

Verbotszeichen und ihre Bedeutung

Verbotsschilder sind immer rund, weiß, haben eine rote Umrandung, ein schwarzes Symbol und manchmal auch einen roten Diagonalbalken.

Allgemeines Verbotszeichen

Nicht berühren – Gehäuse steht unter Spannung

Verbot für Fußgänger

Verbot für Radfahrer

Gefahrzeichen und ihre Bedeutung

Diese Verkehrsschilder sind fast immer dreieckig, weiß, haben eine rote Umrandung und ein schwarzes Symbol.

Warnzeichen für
Gefahren aller Art

Schnee- und Eisglätte

Vorsicht Bahnübergang
ohne Schranke

Andreaskreuz mit
Blitzpfeil zeigt eine
Strecke mit elektrischer
Fahrleitung

Gebotszeichen und ihre Bedeutung

Gebotsschilder sind immer blau und haben ein weißes Symbol.

Fahrzeuge müssen an Fuß-
gängerüberwegen halten.
Dennoch sollte das Kind vorm
Überqueren der Straße immer
erst links und rechts schauen!
Ein Fahrrad oder Roller muss
geschoben werden.

In diesem verkehrsberu-
higten Bereich können
Kinder spielen und
Fahrzeuge dürfen nur in
Schrittgeschwindigkeit
fahren.

Gehweg für Fußgänger.
Kinder bis zum
8. Lebensjahr müssen
mit ihrem Fahrrad
immer auf einem Geh-
weg fahren!

Sind die Kinder mit
ihren Eltern auf dem
Fahrrad unterwegs,
müssen sie diesen Weg
benutzen, nicht den
Gehweg für Fußgänger.

Jetzt geht uns ein Licht auf!

ÜBERBLICK IM LEUCHTMITTEL-CHAOS FÜR FACHKRÄFTE

LED, Halogen, Kelvin, Lumen, Lux und Watt. Was?? Langsam wird es schwierig, sich in dem ganzen Wirrwarr aus Lampen, Leuchten und Angaben auszukennen. Dabei unterscheiden sich die Leuchtmittel deutlich hinsichtlich ihres Stromverbrauchs und der Möglichkeit der Entsorgung.

Glühbirne

Sie wurde Mitte des 19. Jahrhunderts entwickelt und war die erste Möglichkeit für den Menschen, Räume elektrisch zu beleuchten. Glühbirnen bestehen aus einem Blechsockel, Glaskolben und dünnen Metalldraht. Dieser wird heiß, wenn Strom fließt, und die Hitze erzeugt das Licht. Dadurch wird auch die Birne heiß und gibt einen Großteil ihrer Energie als Wärme an die Umgebung ab. Dieser Umstand macht die Glühbirne, energieeffizienteren Leuchtmitteln gegenüber, zu einem Auslaufmodell. Ihre Haltbarkeit ist gering (ca. 1.000 Stunden) und ihr Stromverbrauch enorm (ca. 33€ im Jahr). Positiv sind lediglich noch ihr geringer Anschaffungspreis und ihr warmes, sanftes Licht.

Halogenlampe

Eine Überarbeitung der Glühbirne aus den 1960er-Jahren führte zur Halogenlampe, die auf ähnliche Weise funktioniert. Durch den Einbau eines Quarzkolbens und die Zugabe von Brom (aus der Gruppe der Halogene) konnte der Energieverbrauch um 30 % gesenkt und die Lebensdauer um das Doppelte erhöht werden. Die Halogenleuchten strahlen weniger Wärme ab und ihr Licht ist deutlich stärker.

Leuchtstofflampe

Die innen mit fluoreszierenden Stoffen beschichteten Röhren werden gerne in Schulen, Krankenhäusern, Firmen und anderen öffentlichen Gebäuden eingesetzt. Sie punkten mit einer langen Lebensdauer, strahlen jedoch ein kaltes, unbehagliches Licht aus und enthalten große Mengen Quecksilber. Leuchtstoffröhren gelten mittlerweile als Sondermüll und dürfen in der EU nicht mehr verkauft werden.

Kompaktleuchtstofflampe

Die als „Energiesparlampe" bekannte Leuchte ist eine Weiterentwicklung der bekannten Leuchtstoffröhre aus den 1970er-Jahren. Ihre Vorteile sind der geringere Energieverbrauch (ca. 6,60 € pro Jahr, also 80 % weniger im Vergleich zur Glühbirne) und die längere Haltbarkeit (bis zu 15.000 Stunden). Nachteilig zu nennen sind ihr ungemütliches Licht und ihre auffällig-unästhetische Optik. Ökologisch gesehen sind diese Lampen nicht empfehlenswert, da sie oft noch giftiges Quecksilber enthalten, welches der eigentliche Lichtspender ist. Die Leuchtmittel sind leicht zerbrechlich, das flüssige Schwermetall kann dadurch an die Luft gelangen, verdampfen, Mensch und Umwelt schädigen. Energiesparlampen müs-

sen daher auch als Sondermüll entsorgt werden. Einige Typen werden seit 2021 nicht mehr hergestellt, andere, die Amalgam (ein Quecksilbergemisch) enthalten, sollen 2023 abgeschafft werden.

Leuchtdiode (LED)

Umweltfreundliche und ressourcenschonende LEDs sind heute die beliebtesten Leuchtmittel. Es gibt sie mit verschiedenen Steck- und Schraubsockeln, sie werden kaum heiß, sind sparsam im Verbrauch (ca. 3,30 € pro Jahr) und halten nahezu ewig (50.000 Stunden). Dadurch macht sich der anfangs etwas höhere Anschaffungspreis auf Dauer bezahlt. Ein weiteres Plus ist, dass sie nicht bruchempfindlich sind, kein Quecksilber enthalten und somit nicht als Sondermüll gelten. Sie enthalten normalerweise keinen Glühdraht, inzwischen gibt es jedoch auch LEDs im dekorativen Retrostil mit goldfarbenen Leuchtfäden, die optisch an Glühbirnen erinnern.

Weitere Begriffe erklärt

- **Watt (W)**: Stromverbrauch pro Stunde
- **Lumen (lm):** Einheit für den Lichtstrom
  – zeigt an, wie hell eine Lampe leuchtet
- **Lux (lx):** Beleuchtungsstärke
  – zeigt an, wie viel Licht auf einer Fläche ankommt
  – $1\ lx = 1\ lm/m^2$
- **Kelvin (K):** Farbtemperatur
  – 2.000–3.300 K (warmweiß)
  – 3.300–5.300 K (neutralweiß)
  – 5.300 K < (tageslichtweiß)

Nummernschilder-Safari

WAS AUF DEN AUTOSCHILDERN SO ALLES STEHT

Gucken Sie sich doch einmal auf einem Parkplatz um, beispielsweise vor der Kita: Nummernschilder sehen nicht gleich aus. Sie geben Auskunft über viele Dinge.

Das brauchen Sie

→ Zettel
→ Stifte
→ nach Absprache mit Fahrzeughalter:in auch: Fotokamera und Drucker

Bei einem Ausflug nach draußen halten die Kinder diesmal die Augen nach Nummernschildern offen. Jedes Fahrzeug, das am Straßenverkehr teilnehmen möchte, muss Nummernschilder tragen: eines vorn, eines hinten am Fahrzeug. Gucken Sie sich Nummernschilder von verschiedenen Autos an, von Motorrädern oder E-Scootern und vergleichen Sie. Notieren Sie sich Details und besprechen Sie sie später mit den Kindern in der Kita. Vielleicht erlauben Ihnen einige Eltern auch, ihre Nummernschilder zu fotografieren?

Fragen Sie die Kinder: Was glauben sie, warum Autoschilder wichtig sein könnten? Genau, man kann jedes Kennzeichen dem Besitzer des Autos zuordnen. Die Polizei kann das im Computer herausfinden. Auf diese Weise kann sie Verbrecher besser verfolgen und bei Unfällen schneller helfen.

Das bedeuten die Buchstaben auf den Nummernschildern

Der blaue Kasten mit den gelben Sternen:
Europa-Symbol, im Kasten steht die Abkürzung für das Land (D für Deutschland, F für Frankreich, A für Österreich, P für Polen, ...)

Sonderbuchstaben ganz rechts auf den Kennzeichen:
H steht für ein Oldtimer-Kennzeichen (Fahrzeuge, die über 30 Jahre alt und gut erhalten sind)
Y steht auf Kennzeichen der Bundeswehr
E steht auf Kennzeichen von Elektrofahrzeugen

Literaturtipps und Links

INFORMATIONEN ZUM NACHLESEN

Literatur

– Die ganze Welt steckt voller Energie: Alles über die Kraft, die uns antreibt (Christina Steinlein + Anne Becker)
– Abenteuer Energie: Bilderbuch (Angelika Jaklin, Silja Topfstedt + Martina Brandstätter)
– Erneuerbare Energien: Eine spannende Entdeckungsreise für Groß und Klein (Carmen Skupin)
– Licht aus! 32 Ideen, um Energie zu sparen (Karine Balzeau)
– Oh Schreck, oh Schreck, der Strom ist weg! (Catharina Westphal)
– Frag doch mal die Maus: Umwelt und Energie (Gabi Neumayer)
– Wieso? Weshalb? Warum?, Band 67: Wir schützen unsere Umwelt (Carola von Kessel)
– 100 Dinge, die du für die Erde tun kannst (Janine Eck)
– Mein grünes Tagebuch: Wie du jeden Tag das Klima und die Umwelt retten kannst (Corinna Wieja)
– 50 kleine Revolutionen, mit denen du die Welt (ein bisschen) schöner machst (Federico Taddia und Pierdomenico Baccalario)

Weiterführende Links

www.kindermeilen.de/fileadmin/inhalte/Dokumente/deutsch/2017/KB_Begleitheft_2017_Web.pdf
www.klimabuendnis.at/images/doku/klimemeilen_aktionsheft_klein.pdf
www.vcd.org/artikel/verkehrsmittel-im-vergleich
www.mein-klimaschutz.de/unterwegs/a/einkauf/welches-verkehrsmittel-verursacht-im-vergleich-mehr-co2/
www.wissenschaftsjahr.de/2010/fileadmin/docs/pdf/experimentierheft_energie_hausderkleinenforscher.pdf
www.greenpeace.de/engagieren/kids/erneuerbare-energie-erklaert-kinder
www.topprodukte.at/services/kids-corner/energie-und-energiequellen
www.klimafuchs-kita.de/2018/04/27/10-tipps-energie-sparen-in-der-kita
www.sofatutor.com/biologie/videos/energie-gewinnung-aus-der-nahrung
www.eufic.org/de/in-unserem-essen
www.haus-der-kleinen-forscher.de/fileadmin/Redaktion/1_Forschen/Themen-Broschueren/Broschuere_Strom_Energie.pdf
www.kritischerkonsum.de/energie/echte-oekostromanbieter
www.izes.de/sites/default/files/publikationen/Broschueren/Broschuere_Heizkosten-sparen.pdf
www.greencity.de/wp-content/uploads/B_Vorteile_Gebaeudebegruenung_Begruenungsbuero_web.pdf
www.mein-eigenheim.de/fenster-und-fassade/fassadenbegruenung-ohne-schaeden.html

Bildnachweis

Cover: Kinder mit Weltkugel © cirodelia – Adobe Stock, Illustration unten © Solveig Been – Shutterstock, Flugzeug© Su Xingmin – Shutterstock, Glühbirne © Barks – Shutterstock

Inhalt: S. 1 und S. 43, © N.Savranska – Adobe Stock, S. 3 oben und S. 22, © iracosma – Adobe Stock, S. 2 und S. 28, © tigatelu – Adobe Stock, S. 3 unten und S. 49, © tigatelu – Adobe Stock, S. 4, © Laks – Adobe Stock, S. 5, © krungchingpixs – Adobe Stock, S. 6, © Deymos.HR – Adobe Stock, S. 7 oben, © ink drop – Adobe Stock, S. 7 unten, © ink drop – Adobe Stock, S. 8, © Bogdana – Adobe Stock, S. 9 oben, © tanawatpontchour – Adobe Stock, S. 9 unten und S. 21, © petovarga – Adobe Stock, S. 11, © Max Diesel – Adobe Stock, S. 12, © Dvorakova Veronika – Adobe Stock, S. 13, © Olga Che – Adobe Stock, S. 14, © carbondale – Adobe Stock, S. 15, © evegenesis – Adobe Stock, S. 16, © yavdat – Adobe Stock, S. 17, © xQuisine – Adobe Stock, S. 18, © harunyigit – Adobe Stock, S. 19, © T. Michel – Adobe Stock, S. 20, © Rudie – Adobe Stock, S. 23, © Andreas Koch – Adobe Stock, S. 24, © matho – Adobe Stock, S. 25 links, © ckellyphoto – Adobe Stock, S. 25 rechts, © Jürgen Fälchle – Adobe Stock, S. 27, © Алёна Игдеева – Adobe Stock, S. 29 unten und 40 links, © burnhead – Adobe Stock, S. 29 oben, © picoStudio – Adobe Stock, S. 31, © Pavlo Plakhotia – Adobe Stock, S. 32, © DN6 – Adobe Stock, S. 33, © Gina Sanders – Adobe Stock, S. 34, © Sitthipong – Adobe Stock, S. 35, © Angelika Back, S. 37 oben, © Mario – Adobe Stock, S. 37 unten links, © Andrey Solovev – Adobe Stock, S. 37 unten rechts, © Hanasaki – Adobe Stock, S. 38, © Tartila – Adobe Stock, S. 39, © N_studio – Adobe Stock, S. 40, © Alexander Raths – Adobe Stock, S. 44, © A.Lukin – Adobe Stock, S. 45, © norimoto – Adobe Stock, S. 46, © photo 5000 – Adobe Stock, S. 47, © klyaksun – Adobe Stock, S. 47 unten, © ONYXprj – Adobe Stock, S. 49 links, © Lomiso – Adobe Stock, S. 49 rechts, © jbphotographylt – Adobe Stock, S. 50, © Віталій Баріда – Adobe Stock, S. 51, © Marzuk – Adobe Stock, S. 53, © Alex_Zakharov – Adobe Stock, S. 54, © stockphoto-graf – Adobe Stock, S. 57 oben, © vejaa – Adobe Stock, S. 57 unten, © Tanya Rozhnovskaya – Adobe Stock, S. 58/59 Warnzeichen, © thostr – Adobe Stock, S. 58 ‚Nicht berühren‘, © Kellerkind – Adobe Stock, S. 58/59 Verkehrszeichen, © stockphoto-graf – Adobe Stock, S. 61 oben, © photka – Adobe Stock, S. 61 unten, © photka – Adobe Stock, S. 62, © jojojo07 – Adobe Stock

Impressum

Bibliografische Information der Deutschen Bibliothek
Die Deutsche Bibliothek verzeichnet diese Publikation in der
Deutschen Nationalbibliografie; detaillierte bibliografische Daten sind
im Internet über http://dnb.ddb.de abrufbar.

1. Auflage 2023
© 2023 Verlag Ernst Kaufmann, Lahr

Alle Rezepte, Tipps und Angaben in diesem Heft wurden nach bestem Wissen recherchiert und geprüft. Alle Angaben in diesem Heft erfolgen ohne jegliche Gewährleistung oder Garantie seitens der Autorinnen oder des Verlags. Eine Haftung für Personen-, Sach- und Vermögens-schäden ist damit ausgeschlossen.

Text: Angelika Back/Lena Buchmann

Druck und Bindung: Druckerei Lokay, Reinheim
ISBN 978-3-7806-5188-4